U0935780

華南理工大學 | 法学文库
SOUTH CHINA UNIVERSITY OF TECHNOLOGY

俄罗斯知识产权法

《俄罗斯联邦民法典》第四部分

Intellectual Property Law in Russia
— The Civil Code of the Russian Federation PART IV

孟祥娟／译

法律出版社
LAW PRESS·CHINA

前　言

2019年是中俄建交70周年。中俄作为邻国，而且是毗邻的两个大国，其双边关系不仅对两国，而且对整个地区乃至世界都有重要影响。中俄70年的交往历史是宝贵的财富，既是双边关系历史中的宝贵财富，也是世界发展史的宝贵财富。

"一带一路"建设，旨在促进经济要素有序自由流动、资源高效配置和市场深度融合，推动沿线各国实现经济政策协调，开展更大范围、更高水平、更深层次的区域合作，共同打造开放、包容、均衡、普惠的区域经济合作架构，维护全球自由贸易体系和开放型世界经济。

"一带一路"建设为中俄全方位合作提供了更大的实现平台和资源共享的机会。

随着中国和俄罗斯战略协作伙伴关系的不断深入，政治层面的互信加深，两国政府往来密切，充分发挥各自比较优势，相互合作，共享利益。中俄两国经济、贸易、科技、文化合作得到迅猛发展和不断深化。

中俄双边贸易领域不断扩大，从传统的轻工业产品、能源扩展到农业、林业、机械、交通、航空、能源、军事、科技、文化等多个领域全方面发展，不仅规模上有所突破，质量上有提升，贸易结构也有所优化。

中俄两国技术领域的合作范围较广,在能源、航空、军工、农林、生物、核能、装备制造等领域,两国技术互补,合作空间巨大。数字经济、人工智能等成为中俄技术创新的新选择。

中俄两国文化交流与合作愈加频繁,两国的文化贸易合作规模不断扩大,贸易额不断刷新,文化产业合作成为未来两国经贸合作的一个新突破口。两国通过国家"文化年""语言年""旅游年"等活动,使中俄文化交流更深入,范围更广阔。中俄互办艺术展已经成为两国文化产业合作的重要组成部分。油画展、文艺表演、动漫艺术展、影视传媒、图书出版发行等领域合作成效显著,前景广阔。

知识产权制度本身就是国家经济科技文化政策的一部分。国家制定的科技发展规划、文化政策、产业政策、投资政策等都会不同程度地涉及知识产权问题。知识产权保护已成为经济贸易、高新技术及文化产业健康发展的基本保障。

俄罗斯知识产权立法是纳入民法典的立法模式,在《俄罗斯联邦民法典》第四部分第七编,共计九章。俄罗斯的立法与中国的立法相比,其修改的频率较高,每次修改所调整的范围较广,而每次的修改调整都意味着我国商贸及文化活动也需要采取相应的修正。《俄罗斯联邦民法典》第四部分"知识产权编"自 2006 年经俄罗斯国家杜马通过到 2017 年年底,共进行了 20 次修改。《俄罗斯联邦民法典》第四部分"知识产权编"的翻译,对我国企业及个人在对俄经贸活动及文化交流过程中,及时了解俄罗斯知识产权法的修法后的调整,及时做出策略应对有一定的帮助,也可为我国知识产权学者、律师及法律服务工作者了解《俄罗斯联邦民法典》知识产权编的修法动态,研究和学习俄罗斯知识产权法提供资料信息。

目　　录

第七编　智力活动成果和个性化标识的权利

第七编　智力活动成果和个性化标识的权利

第六十九章　一 般 规 定

第 1225 条　受保护的智力活动成果和个性化标识

1. 智力活动成果和与之等同的受到法律保护的法人、商品、工作、服务和企业的个性化标识(知识产权)包括:

(1)科学、文学和艺术作品;

(2)电子计算机程序;

(3)数据库;

(4)表演;

(5)录音;

(6)无线或有线广播或电视传播(无线或有线广播组织的广播);

(7)发明;

(8)实用新型;

(9)外观设计;

(10)育种成果;

(11)集成电路布图设计;

(12)商业秘密(Hoy-Xay);

(13)企业名称;

(14)商品商标和服务商标;

(15)商品原产地名称;

(16)商号。

2. 知识产权受法律保护。

第 1226 条　智力权利

智力活动成果和与之等同的个性化标识(智力活动成果和个性化标识)被承认为智力权利,包括作为财产权的专有权,而在本法典有规定的情况下,还包括人身非财产权利和其他权利(追续权、接触权和其他权利等)。

第 1227 条　智力权利与物权

(2014 年 3 月 12 日第 35 - Φ3 号联邦法修改)

1. 智力权利独立于表现智力活动成果或个性化标识的物质载体的所有权和其他物权。

(2014 年 3 月 12 日第 35 - Φ3 号联邦法修改)

2. 物的所有权的转让并不引起表现在该物上的智力活动成果或个性化标识的智力权利的转让或提供,但本法典第 1291 条第 1 款第 2 段规定的情形除外。

(2014 年 3 月 12 日第 35 - Φ3 号联邦法修改)

3. 除本编另有规定外,智力权利不受本法典第二编规定的约束。

(2014 年 3 月 12 日第 N35 - Φ3 号联邦法新增)

第 1228 条　智力活动成果的作者

1. 用创造性劳动创作出成果的公民是智力活动成果的作者。

在创作这个成果的过程中没有作出个人的创造性贡献的公民,包括仅对成果作者提供技术、咨询、组织方面或物质方面协助或帮助的公民,或者只是促进办理成果权利或其利用权的公民,以及对完成相应的工作进行监督的公民,不是智力活动成果的作者。

2. 作者的身份权属于智力活动成果的作者,在本法典有规定的情况下，享有署名权和其他人身非财产权。

作者的身份权、署名权和其他人身非财产权利不可转让和不可移转，对这些权利的放弃一律无效。

作者的身份权和署名权获得无期限保护。作者死后，作者身份权和署名权的保护可以由任何利害关系人来行使，但本法典第1267条第2款和第1316条第2款规定的情形除外。

3. 以创造性劳动创作的智力活动成果的专有权，首先产生于其作者。该权利可由作者依据合同转让给他人，以及根据法律规定的其他依据移转给他人。

4. 两个或两个以上公民以共同的创造性劳动（合作）创作的智力活动成果，其权利属于合作作者。

第1229条　专有权

1. 对智力活动成果或个性化标识享有专有权的公民或法人（权利人），有权按照自己的意愿以任何不与法律相抵触的方式使用该成果或个性化标识。权利人可以处分智力活动成果或个性化标识（第1233条）的专有权，但本法典有不同规定的除外。

权利人可以按照自己的意愿许可或禁止他人使用智力活动成果或个性化标识。缺少禁止性规定，不视为同意（许可）。

没有权利人的同意，他人不能使用相应的智力活动成果或个性化标识，本法典有规定的情况除外。未经权利人同意，使用智力活动成果或个性化标识（包括本法典规定的使用方式），构成侵权并引起本法典和其他法律规定的法律责任，但本法典许可权利人以外的人使用智力活动成果或个性化标识的情况除外。

2. 智力活动成果或个性化标识的专有权（企业名称专有权除外）可以属于一人或几个人共有。

3. 当智力活动成果或个性化标识的专有权属于几个人共有时，每个权利人可以按照自己的意愿使用该智力成果或个性化标识。如果本法典或权利人之间协议没有不同规定，权利共有人之间的相互关系，由共有人之间的协议规定。

如果本法典或权利人之间的协议没有不同规定，智力活动成果或个性化标识专有权的处分由权利人共同实施。

共同使用智力活动成果或个性化标识及共同处分该智力活动成果或个性化标识的专有权的收入，在权利人中平均分配，但权利人之间的协议有不同规定的除外。

每个共有权利人都有权独立采取措施对智力活动成果或个性化标识权实施保护。

（2014 年 3 月 12 日第 35 – Φ3 号联邦法修改）

4. 在本法典第 1454 条第 3 款、第 1466 条第 2 款和第 1518 条第 2 款规定的情况下，对同一智力活动成果或同一个性化标识的单独专有权可以同时属于不同人所有。

（2014 年 3 月 12 日第 35 – Φ3 号联邦法修改）

5. 智力活动成果和个性化标识的专有权的限制依据本法典的规定，包括没有经过权利人的同意而允许使用，但是权利人有获得报酬的权利。

对科学、文学和艺术作品，邻接权客体，发明和外观设计，商标的专有权予以限制的规定，应当遵守本款第 3 项、第 4 项、第 5 项规定的条件。

对科学、文学和艺术作品及邻接权客体的专有权限制，是在特定情况下并符合下述条件，即这种限制不与作品或邻接权客体的正常使用相抵触，也没有无理地侵害到权利人的合法利益。

对发明或外观设计的专有权限制，是在某些情况并符合下述条件，即这种限制没有以不合理的方式与发明或外观设计的正常使用相抵触，并且考虑到第三人的合法利益，也没有无理地侵害到权利人的合法权益。

对商标专有权的限制，是在某些情况下并符合下述条件，即这些限制要考虑到权利人和第三人的合法权益。

（2010 年 10 月 4 日第 259－Φ3 号联邦法修改）

第 1230 条　专有权的有效期

1. 除本法典规定的情况外，智力活动成果和个性化标识的专有权在规定期限内有效。

2. 智力活动成果或个性化标识的专有权效力持续的期限、有效期的计算方法、有效期延长的依据和方法以及期限届满前专有权终止的依据和程序，由本法典规定。

第 1231 条　专有权和其他智力权利在俄罗斯联邦境内的效力

1. 俄罗斯联邦参加的国际条约和本法典规定的智力活动成果和个性化标识的专有权在俄罗斯联邦境内有效。

不属于专有权的人身非财产权和其他智力权利，根据本法典第 2 条第 1 款第 4 项的规定在俄罗斯联邦境内有效。

2. 在根据俄罗斯联邦参加的国际条约承认智力活动成果或个性化标识的专有权的情况下，权利的内容、权利的效力、权利的限制以及实现程序和保护，由本法典规定，而不论专有权产生国法律如何规定，但相关国际条约或本法典有不同的规定的除外。

第 1231.1　包含有官方象征、名称和特殊标志的客体

（2014 年 3 月 12 日第 35－Φ3 号联邦法新增）

1. 复制或模仿下列对官方象征、名称和特殊标志或它们可识别的部分作为外观设计或个性化标识的客体，不予法律保护：

（1）国家象征和标志（国旗、国徽、勋章、货币标志或与之近似的标志）；

（2）国际和政府间的组织的简称、全称，它们的旗帜、徽记、其他象征和标志；

（3）官方检查、保证或检验检疫标记、印章、奖章和其他特殊标志。

2. 本条第 1 款所指的官方象征、名称和特殊标志或它们的可识别的部分，如果经相应的国家主管机关、国际组织机关或政府间组织机关同意，可以作为不予保护的元素包含在外观设计或个性化标识中。

第 1232 条　智力活动成果和个性化标识的国家注册

1. 在本法典规定的情况下，智力活动成果或个性化标识只有在国家注册的条件下，其专有权才获得承认和保护。

与智力活动成果或个性化标识国家注册有关的权利人信息（包括名称或姓名，住所或居住地及信函地址）变更的，权利人有义务通知相应的联邦知识产权行政机关和联邦育种成果（第 1246 条）行政机关。未通知相应的联邦行政机关或提供的信息不确定导致的不利后果风险由权利人承担。

（2014 年 3 月 12 日第 35 – Ф3 号联邦法新增）

联邦知识产权行政机关或联邦育种成果行政机关可以主动或应任何人的要求，对与智力活动成果或个性化标识国家注册相关的信息中明显的和技术性的错误，在事先通知该权利人后予以修改。

（2014 年 3 月 12 日第 35 – Ф3 号联邦法新增）

2. 智力活动成果或个性化标识根据本法典应该进行国家注册

的情况下,该智力成果或个性化标识专有权依合同的转让,该权利的抵押和依合同授予该成果或该标识的使用权,以及该成果或该标识非因合同的移转,都应进行国家注册。注册的程序和条件由俄罗斯联邦政府规定。

3. 对于智力活动成果或个性化标识专有权依合同转让的国家注册、该项权利抵押的国家注册以及依合同授予该智力活动成果或个性化标识使用权的国家注册,通过合同双方申请来实现。

申请可以由合同当事人或合同当事人一方提交。如果申请是由合同当事人一方提出,申请人可以选择以下文件之一:

合同当事人签署的关于专有权处分的通知书;

公证人证明的合同摘录;

合同原件。

在合同当事人申请或者合同一方当事人申请所附的文件中,应当注明以下内容:

合同类型;

合同双方当事人的信息;

合同标的,证明享有智力活动成果或个性化标识并指出编码的文件。

对授予智力活动成果或个性化标识使用权的国家注册,除本款第3段所述信息外,合同当事人或合同一方当事人的申请所附的文件还应当注明:

合同的效力期限,如果这个期限是由合同规定的;

授予智力活动成果或个性化标识使用权的地域范围,如果地域范围是由合同规定的;

合同规定的智力活动成果的使用方式或者与授予个性化标识

使用权相关的商品和服务；

同意授予智力活动结果或个性化标识使用权的再许可合同(第1238条第1款)；

单方面终止合同的可能性。

对专有权抵押的国家注册，合同当事人或合同当事人一方申请所附文件，除应当注明本款第3段所指明的信息外，还应当注明：

抵押合同的有效期；

对抵押人使用智力活动成果或个性化标识及对此智力活动成果或个性化标识专有权处分的权利限制。

(2014年3月12日第35-Ф3号联邦法修改)

4. 根据本法典第1239条规定的情况，授予智力活动成果使用权进行国家注册的依据是法院的有关判决。

(2014年3月12日第35-Ф3号联邦法修改)

5. 智力活动成果或个性化标识依继承移转所有权并进行国家注册的依据是继承权的证明文件，但本法典第1165条规定的情况除外。

6. 智力活动成果或个性化标识专有权依合同转让或非因合同专有权的移转、专有权抵押及向他人依合同对该成果或该标识授权使用，如未遵守国家注册的要求，专有权的转让、移转、抵押、授权使用视为没有成立。

(2014年3月12日第35-Ф3号联邦法修改)

7. 在本法典规定的情况下，智力活动成果的国家注册可以按照权利人的意愿实施。在这种情况下，对被注册的智力活动成果或个性化标识适用本条第2~6款的规则，本法典有不同规定的情形除外。

第1233条　专有权的处分

1. 权利人可以以任何不与法律和该专有权自身的属性相抵触的方式，处分其智力活动成果或个性化标识的专有权，包括通过合同向他人转让（专有权转让合同）或在合同约定的范围内向他人授予相应的智力活动成果或个性化标识的使用权（许可合同）。

签订许可合同，不导致专有权利转让给被许可人。

2. 对于处分智力活动成果或个性化标识专有权的合同，包括专有权转让合同和许可合同（再许可合同），只要本编的规则未有不同规定，以及从专有权的内容和性质中不能得出不同的结论，应适用关于债的一般规定（第307～419条）和关于合同的一般规定（第420～453条）。

3. 合同未明文规定智力活动成果或个性化标识专有权系全部转让的，视为许可合同，但为专门创作或创作复杂客体而（第1240条第1款第2段）签订的关于智力活动成果使用权的合同除外。

4. 专有权转让合同或许可合同的条款，如限制公民创造某一种类的智力活动成果或限制公民在某一领域创作智力活动成果或限制公民将智力活动成果的专有权转让给他人的，自始无效。

5. 权利人可以公开声明，即通过向不特定范围的人宣布，将属于他的科学、文学或艺术作品及邻接权客体按照权利人规定的条件和指定的期限向任何人提供免费使用的机会。在指定的期限内，任何人都有权利按权利人规定的条件使用上述作品或邻接权客体。

该声明通过联邦行政机关在其官方网站上发布。联邦行政机关负责发布相关的声明，声明发布的程序和条件由俄罗斯联邦政府规定。

声明应当包含许可与权利人及其作品或邻接权客体一致的信息。

在权利人的声明里缺少指定期限的,指定期限为五年。

在权利人的声明里缺少指定地域范围的,地域范围为俄罗斯联邦境内。

在有效期内,声明不能撤回,且在声明中规定的使用条件不能被限制。

在存在有效的专有授权许可使用作品或邻接权客体的合同的情况下,权利人无权就该合同的同一范围实施发布行为。如果存在有效的有偿非专有授权许可使用作品或邻接权客体的合同,权利人就该合同的同一范围实施发布行为,则该合同的效力终止。发布声明的权利人在具备有效许可合同的情况下,应该补偿被许可人因此造成的损失。

如果作品或邻接权客体的专有权被依本款规定违法发布声明造成侵权,作者或其他权利人有权要求依照本法典第 1252 条对侵权人采取措施保护其专有权。

本款规定不适用于开放许可(第 1286.1 条)。

(2014 年 3 月 12 日第 35 – Φ3 号联邦法修改)

第 1234 条　专有权转让合同

1. 根据专有权转让合同,一方(权利人)将智力活动成果或个性化标识专有权全部转让或承担义务全部转让给另一方(权利取得人)。

2. 专有权转让合同以书面形式缔结。不遵守书面形式将导致合同无效。

专有权依合同的移转,应该依照本法典第 1232 条规定的情况和程序进行国家注册。

(2014 年 3 月 12 日第 35 - Φ3 号联邦法修改)

3. 根据专有权转让合同,权利取得人有义务向权利人给付合同规定的报酬,但合同有不同规定的除外。

如果在专有权有偿转让合同中没有关于报酬数额的条款或者确定报酬数额方法的条款,则合同视为没有订立。在这种情况下,不得适用本法典第 424 条第 3 款所规定的确定合同价格的规则。

专有权转让合同可以规定固定一次性的形式支付或定期从收入(收益)中提取百分比的方式支付或其他形式支付报酬。

(2014 年 3 月 12 日第 35 - Φ3 号联邦法修改)

3.1 在商业组织之间不允许无偿转让专有权,但本法典有不同规定的除外。

(2014 年 3 月 12 日第 35 - Φ3 号联邦法新增)

4. 智力活动成果或个性化标识专有权在专有权转让合同签订之时从权利人移转给权利取得人,但合同有不同规定的除外。如果依专有权转让合同进行的专有权移转应该进行国家注册(第 1232 条第 2 款),则智力活动成果或个性化标识专有权在国家注册之时从权利人移转给权利取得人。

(2014 年 3 月 12 日第 35 - Φ3 号联邦法修改)

5. 为取得智力活动成果或个性化标识的专有权,权利取得人违反了在专有权转让合同规定的期限内向权利人支付报酬义务(第 450 条第 2 款第 1 项),如果专有权已转让给取得人,原权利人有权利通过司法程序请求将权利取得人的专有权移转给自己,并赔偿损失。

如果专有权未转让给权利取得人,权利取得人违反在合同规定期限内给付取得专有权报酬的义务,则权利人可以单方面解除合同并要求赔偿合同解除所造成的损失。

如果权利取得人从收到解除合同通知之日起30天内,仍没有履行支付报酬的义务,则合同终止。

(2014年3月12日第35-Ф3号联邦法修改)

第1235条　许可合同

1. 根据许可合同,一方——智力活动成果或个性化标识专有权权利人(许可人)向另一方(被许可人)授予或承担义务授予在合同规定限度内使用该成果或标识的权利。

被许可人只能在许可合同规定的权利限度内,按许可合同规定的方式使用智力活动成果或个性化标识。许可合同未明文规定的智力活动成果或个性化标识的使用权,视为未向被许可人授权。

2. 许可合同以书面形式签订,但本法典有不同规定的除外。

不遵守书面形式的,许可合同无效。依许可合同授予智力活动成果或个性化标识使用权应当按照本法典第1232条规定的情况和程序进行国家注册。

(2014年3月12日第35-Ф3号联邦法修改)

3. 许可合同应当规定允许使用智力活动成果或个性化标识的地域。如果合同没有指明允许使用该成果或标识的地域,则被许可人有权在俄罗斯联邦境内使用。

4. 许可合同的有效期不得超过智力活动成果或个性化标识专有权的有效期。

如果许可合同未规定有效期,则合同的有效期视为5年,但本法典有不同规定的除外。

专有权终止时,许可合同亦随之终止。

5. 根据许可合同，被许可人有义务向许可人给付合同规定的报酬，但合同有不同规定的除外。

如果在有偿许可合同中没有关于报酬数额的条款或确定报酬数额方法的条款，则合同视为没有订立。在这种情况下，不得适用本法典第 424 条第 3 款所规定的确定合同价格的规则。

许可合同可以规定固定一次性的形式支付或定期从收入（收益）中提取百分比的方式支付或其他形式支付报酬。

（2014 年 3 月 12 日第 35 – Ф3 号联邦法新增）

5.1 在商业组织之间不允许以全球范围及专有权的整个效力期限的独家许可条款无偿授权使用智力活动成果或个性化标识的专有权，但本法典另有规定的除外。

（2014 年 3 月 12 日第 35 – Ф3 号联邦法新增）

6. 许可合同应当规定：

（1）合同标的：依合同提供使用权的智力活动成果或个性化标识，同时指出证明智力活动成果或个性化标识专有权的相应的编码文件（专利证书、证明）；

（2014 年 3 月 12 日第 35 – Ф3 号联邦法修改）

（2）智力活动成果或个性化标识的使用方式。

7. 智力成果或个性化标识专有权向新权利人的移转，不构成变更或解除之前权利人所签订的许可合同的根据。

第 1236 条　许可合同的种类

1. 许可合同可以规定：

（1）向被许可人授予智力活动成果或个性化标识的使用权，但许可人仍保留向其他人颁发许可证的权利（普通许可或非排他许可）；

（2）向被许可人授予智力活动成果或个性化标识的使用权，而许可人不再保留向其他人颁发许可证的权利(排他许可)。

1.1 智力活动成果或个性化标识以排他许可的合同条款授权给被许可人使用,许可人本人没有权利使用该智力活动成果或个性化标识,除非本合同另有规定。

(2014 年 3 月 12 日第 35 – Ф3 号联邦法新增)

2. 如果许可合同没有不同规定,推定许可为普通许可(非排他许可)。

3. 在一个许可合同中涉及多种智力活动成果或个性化标识不同使用方式的,可以包含本条第 1 款对不同许可规定的合同条款。

第 1237 条　许可合同的履行

1. 被许可人有义务向许可人提交智力活动成果或个性化标识使用的报告,但许可合同或本法典有不同规定的除外。如果许可合同规定了提交智力活动成果或个性化标识使用情况的报告而没有规定提交的期限和程序,则被许可人有义务应许可人的要求提交报告。

(2014 年 3 月 12 日第 35 – Ф3 号联邦法修改)

2. 在许可合同有效期内,许可人有义务不实施任何可能妨碍被许可人在合同规定限制内行使智力活动成果或个性化标识使用权的行为。

3. 以合同未规定的方式使用,或者在合同有效期届满之后进行使用,或者以其他方式在许可合同授予的权利范围之外进行使用智力活动成果或个性化标识,应承担本法典、其他法律或合同规定的侵犯智力活动成果或个性化标识专有权的责任。

4. 在被许可人违反义务,未按合同规定的期限向许可人支付授权使用智力活动成果或个性化标识报酬的情况下,许可人可以单方面解除合同并要求赔偿合同解除所造成的损失。如果在被许可人收到合同解除的通知之日起30天内,被许可人仍没有履行支付报酬的义务,则合同终止。

(2014年3月12日第35-Ф3号联邦法修改)

第1238条　再许可合同

1. 经许可人书面同意,被许可人可以按照合同向他人提供智力活动成果或个性化标识的使用权(再许可合同)。

2. 根据再许可合同,只能在许可合同为被许可人规定的使用权和使用方式的限度内向再被许可人授予智力活动成果或个性化标识的使用权。

3. 再许可合同的有效期超过许可合同有效期的,视为与许可合同的有效期相同。

4. 被许可人对再被许可人的行为向许可人负责,但合同有不同规定的除外。

5. 对再许可合同适用本法典关于许可合同的规则。

第1239条　强制许可

在本法典规定的情况下,法院可以根据利害关系人的请求作出判决,依法院判决指定的条件向该申请人提供专有权属于他人的智力活动成果的使用权(强制许可)。

第1240条　智力活动成果在复合客体中的使用

1. 制作包含几项受保护的智力活动成果复合客体(电影、其他视听作品、戏院演出、多媒体产品、数据库)的组织者,根据与有关智力活动成果专有权人签订的专有权转让合同或许可合同取得上述成果的使用权。

(2014年3月12日第35-Ф3号联邦法修改)

在制作复合客体的组织者取得智力活动成果使用权的情况下，如果智力活动成果是专门为该复合客体而创作或正在创作的，则有关合同被视为专有权转让合同，但合同有不同规定的除外。

规定智力活动成果在复合客体中使用权的许可合同，其有效期和使用地域与相应专有权相同，但合同有不同规定的除外。

2. 许可合同条款中限制智力活动成果在复合客体中的使用的，一律无效。

3. 在将智力活动成果用于复合客体时，该作者仍保留对该成果的身份权和其他人身非财产权。

4. 在将智力活动成果用于复合客体时，制作复合客体的组织者有权署名或有权要求署名。

5. 本条的规则适用于智力活动成果在全部或部分利用联邦预算资金制作的统一技术的使用，但以本法典第七十七章未有不同规定为限。

第 1241 条　专有权在无合同情况下向他人的移转

在法律规定的情况下和依照法律规定的程序，包括通过权利继受程序（继承、法人改组）和对权利人的财产进行追索时，允许智力活动成果或个性化标识的专有权从权利人移转给他人。

奥林匹克客体建筑和索契城市发展如山地疗养区方面的国家企业的智力活动成果的专有权，根据该条款自上述企业注销之日起 10 日内移转给俄罗斯联邦。

（2014 年 7 月 21 日第 210 – Ф3 号联邦法新增）

第 1242 条　对著作权和邻接权进行集体管理的组织

1. 作者、表演者、录音的制作者及其他著作权和邻接权的权利人，当他们以个人方式难以行使其权利时，或者在本法典允许不经相关权利人同意而使用著作权和邻接权客体而需向他们给付报酬时，可以成立会员制的非商业组织。该组织依照权利人授予的权限以集体方式负责对相关权利进行管理（著作权集体管理组织）。

成立著作权集体管理组织不防碍其他法人和公民成为著作权和邻接权的权利人的代理人。

2. 著作权集体管理组织的成立，可以是为管理涉及某一类或几类著作权和邻接权客体，也可以是为按一定方式使用相关客体的某一种或几种著作权和邻接权进行管理，还可以是为管理任何的著作权和邻接权。

3. 著作权集体管理组织权限的根据是该组织与权利人以书面形式签订的管理权利的授权委托合同，但本法典第 1244 条第 3 款第 1 段规定的情形除外。

上述合同可以与该组织的会员权利人签订，也可以与该组织的非会员权利人签订。在这种情况下，著作权集体管理组织必须承担管理这些权利的义务，只要这类权利范围的管理属于该组织章程规定的活动。著作权集体管理组织权限的根据也可以是该组织与其他组织签订的合同，包括与外国的著作权集体管理组织签订的合同。

对本款第 1 段和第 2 段所列合同，适用关于债的一般规定（第 307～419 条）和关于合同的一般规定（第 420～453 条），但根据授权管理的权利内容或性质不能适用的除外。本编关于专有权转让合同和许可合同的规则，不适用于上述合同。

4. 著作权集体管理组织无权使用专有权授权给其管理的著作权和邻接权客体。

5. 著作权集体管理组织有权以权利人的名义或以自己的名义向法院提起诉讼,也有权实施为保护授权其管理的权利所必需的其他法律行为。

受托组织(第 1244 条)为保护其实施管理的权利,有权以不定范围的权利人的名义向法院提起必要的诉讼。

6. 著作权集体管理组织的法律地位、职能、其成员的权利和义务由本法典、非商业组织法以及相关组织的章程规定。

第 1243 条　著作权集体管理组织履行与权利人的合同

1. 集体管理组织就权利人授权其管理的权利与使用者签订许可合同,许可是普通(非排他)许可,授权使用者以相应的方式使用著作权和邻接权客体并收取使用这些客体的报酬。当著作权和邻接权客体依照本法典可以不经权利人同意而使用但应向其支付报酬时,集体管理组织与使用者、与本法典规定承担支付报酬义务的其他人签订支付报酬的合同并收取此项资金。

集体管理组织如没有充分的理由,不得拒绝与使用者签订合同。

(2014 年 3 月 12 日第 35 – ФЗ 号联邦法修改)

2. 如果与使用者的合同是权利人直接签订的,则著作权集体管理组织只能在该合同有明文规定的情况下,收取著作权和邻接权客体的使用费。

3. 使用者有义务根据著作权集体管理组织的要求向该组织提交使用著作权和邻接权客体的情况报告,以及提交收取和分配报酬所必需的信息资料和文件。提交这些材料的清单和期限由合同规定。

4. 著作权集体管理组织将著作权和邻接权客体使用的报酬在

权利人之间进行分配，并向他们转付上述报酬。

著作权集体管理组织有权从上述报酬中扣除为收取、分配和转付报酬的必要费用，以及扣除该组织经权利人同意并为该组织所代表的权利人利益而设立的基金的费用，扣除的数额和办法由该组织的章程规定。

报酬的分配和转付应该在著作权集体管理组织章程规定的期限内定期进行，并按相关著作权和邻接权客体实际使用的比例进行，而实际使用情况根据从使用者那里取得的信息材料和文件以及关于著作权和邻接权客体使用情况的其他资料，包括统计性质的资料确定。

在转付报酬的同时，著作权集体管理组织有义务向权利人提交关于权利使用情况的报告，并说明所收取的报酬数额以及从中扣除的金额。

5. 著作权集体管理组织应制作记载权利人的情况、授权给该组织管理的权利以及著作权和邻接权客体的登记簿。登记簿的内容应按该组织规定的程序提交给所有利害关系人，但依法不经权利人同意不得泄露的情况除外。

著作权集体管理组织应在公众信息系统上发布关于授权其管理的权利的信息，包括著作权和邻接权客体的名称、作者或其他权利人的姓名。

6. 集体管理组织因违反本法典规定的权利管理程序而未转付为权利人收取的报酬，将导致根据本法典第 1252 条的规定对该组织采取保护专有权的措施。

（2014 年 3 月 12 日第 35－Φ3 号联邦法新增）

第 1244 条　著作权集体管理组织的国家授权

1. 著作权集体管理组织可以取得国家授权，实施下列领域的集体管理：

(1)已经发表(带词或不带词的)音乐作品和音乐戏剧作品片断进行公开表演、无线或有线广播包括转播(第 1270 条第 2 款第 6 项至第 8.1 项)的专有权；

(2014 年 3 月 12 日第 35 – Φ3 号联邦法修改)

(2)(带词或不带词的)音乐作品被使用在视听作品中时，音乐作品的作者对该视听作品的公开演出或无线和有线广播包括转播，取得报酬的权利(第 1263 条第 3 款)；

(2014 年 3 月 12 日第 35 – Φ3 号联邦法修改;2015 年 11 月 28 日第 342 – Φ3 号联邦法修改)

(3)美术作品以及文学和音乐作品的作者手稿的追续权(第 1263 条第 3 款)；

(4)作者、表演者、录音和视听作品的制作者，在录音制品和视听作品为个人目的复制取得报酬的权利(第 1245 条)；

(5)演出者对公开表演以及录音制品商业目的公开无线或有线播放取得报酬的权利(第 1326 条)；

(6)录音的制作者对公开演出以及商业目的公开无线或有线播放取得报酬的权利(第 1326 条)。

国家授权实行程序公开原则，并考虑包括权利人在内的利害关系人的意见，程序由俄罗斯联邦政府规定。

2. 本条第 1 款所列每一集体管理领域的国家授权，只能由一个著作权集体管理组织取得。

著作权集体管理组织可以取得本条第 1 款所列集体管理的一

个、两个或更多领域的国家授权。

对受托组织的活动，不适用反垄断立法规定的限制。

3. 取得国家授权的著作权集体管理组织（受托组织），除依照本法典第1242条第3款规定的程序与权利人签订合同管理相关权利外，还有权行使未与之签订合同的权利人的权利并为权利人收取报酬。

受托组织的存在不防碍成立其他著作权集体管理组织，包括在本条第1款所列集体管理领域成立集体管理组织。只有权利人根据本法典第1242条第3款规定的程序向该组织授予著作权管理权限时，该组织才能为了权利人的利益同使用者签订合同。

4. 权利人如未与受托组织签订移转著作权管理合同（本条第3款），则有权在任何时间全部或部分拒绝该组织对其著作权的管理，权利人应将自己的决定书面通知受托组织。如果权利人意欲拒绝受托组织管理的只是部分著作权和（或）邻接权客体上的权利，则权利人应向受托组织提供被排除的权利和（或）客体的清单。

自收到权利人有关通知之日起的3个月期限届满以后，受托组织必须将权利和（或）客体从与所有使用者的合同中剔除，并将此信息发布到公众信息系统中。受托组织必须将依照以前的合同从使用者那里收到的报酬转付给权利人，并依照本法典第1243条第4款第4项的规定提交使用情况的报告。

5. 受托组织必须采取合理的和足够的措施，依照该组织签订的许可合同和转付报酬合同确定有权取得报酬的权利人。如果法律未有不同规定，依照该组织签订的许可合同和转付报酬合同有权取得报酬的权利人，受托组织无权拒绝其成为该组织的会员。

6. 受托组织在被授权的联邦行政机关监督下进行工作。

受托组织必须每年向被授权的联邦行政机关提交工作情况报告,并将报告在公众信息系统上公布。报告的形式由被授权的联邦行政机关规定。

7. 受托组织的标准章程按俄罗斯联邦政府规定的程序予以批准。

第 1245 条　为个人目的自由复制录音制品和视听作品的报酬

1. 作者、表演者、录音和视听作品的制作者对仅为个人目的自由复制录音和视听作品有权取得报酬。该报酬具有补偿性质,用复制所用设备和物质载体的制造者和进口商应交纳的税费支付。

设备和物质载体的清单以及收取有关税费的数额和办法,由俄罗斯联邦政府批准。

2. 对为个人目的自由复制录音和视听作品收取费用和转付报酬由受托组织实施(第 1244 条)。

3. 为个人目的自由复制录音和视听作品的报酬在权利人中按以下比例进行分配:40% 归作者,30% 归表演者,30% 归录音或视听作品的制作者。具体作者、表演者、录音和视听作品制作者的报酬分配按有关录音制品和视听作品实际使用的比例进行。报酬分配办法和转付程序由俄罗斯联邦政府确定。

4. 给付为个人目的自由复制录音制品和视听作品报酬的费用不得向出口的设备和物质载体的制造者收取,也不得向非家庭使用的专业设备的制造商和进口商收取。

第 1246 条　对知识产权领域中关系的国家调整

1. 在本法典规定的情况下,为调整知识产权领域内与著作权和邻接权客体有关的关系而颁布法律规范性文件的工作，由在著作权和邻接权领域从事规范性法律调整的联邦行政机关进行。

2. 在本法典规定的情况下，为调整知识产权领域内与发明、实用新型或外观设计、计算机程序、数据库、集成电路布图设计、商品商标和服务商标、商品原产地名称有关的关系而颁布规范性法律文件的工作，由被授权的在知识产权领域从事规范性法律调整的联邦行政机关进行。

3. 发明、实用新型或外观设计、计算机程序、数据库、集成电路布图设计、商品商标和服务商标、商品原产地名称的国家注册等具有法律意义的行为，包括有关注册申请的受理和审查、颁发专利证书和证明其权利人对上述智力活动成果和个性化标识享有排他权的证明书，而在法律规定的情况下，还包括与智力活动成果和个别化标识法律保护有关的其他行为，均由联邦知识产权行政机关实施。在本法典第1401～1405条规定的情况下，本款所列行为也可以由俄罗斯联邦政府授权的联邦行政机关实施。

4. 对育种成果，本条第2款和第3款所列职能，由被授权的在农业领域从事规范性法律调整的联邦行政机关实施以及管理育种成果的联邦行政机关实施。

5. 俄罗斯联邦政府有权规定为职务发明、职务实用新型、职务外观设计而支付报酬的额度、程序和期限。上述额度、程序和期限适应于雇主与职工就职务发明、职务实用新型、职务外观设计未针对支付报酬的数额、条件和程序签订合同的情况。

6. 俄罗斯联邦政府有权规定就某些类型作品、表演和录音的使用而分配和支付报酬的最低额度、收取程序。这些智力活动成果是在依法经权利人同意并支付报酬的情况下实施的使用。

俄罗斯联邦政府有权规定就作品、表演和录音的使用而分配和支付报酬的额度、收取程序。这些智力活动成果是在依法无须权利人的同意但应支付报酬的情况下实施的使用。

（2014 年 3 月 12 日第 35 – Ф3 号联邦法新增）

第 1247 条　专利代理人

1. 申请人、权利人、其他人在联邦知识产权行政执行机关办理有关事务可以自主进行，也可以通过在上述联邦行政机关注册的专利代理人或者通过其他代理人进行。

（2014 年 3 月 12 日第 35 – Ф3 号联邦法修改）

2. 常住俄罗斯联邦境外的公民、外国法人通过在上述联邦行政机关注册的专利代理人在联邦知识产权行政机关办理有关事务，但俄罗斯联邦参加的国际条约有不同规定的除外。

如果申请人、权利人、其他人在联邦知识产权行政机关办事是自主进行或通过在上述联邦行政机关注册的专利代理人以外的代理人进行的，则他们必须根据上述联邦行政机关的要求告知在俄罗斯联邦境内的通信地址。

（2014 年 3 月 12 日第 35 – Ф3 号联邦法修改）

专利代理人或其他代理人的权限由授权委托书予以证明。

（2014 年 3 月 12 日第 35 – Ф3 号联邦法修改）

3. 常住俄罗斯联邦境内的俄罗斯联邦公民可以注册专利代理人资格。对专利代理人的其他要求、资格认定和注册办法以及专利代理人办理与智力活动成果和个性化标识法律保护有关事务的权限，由法律规定。

第 1248 条　与智力权利保护有关的争议

1. 与受到侵犯的和被提出争议的智力权利的保护有关的争议,由法院审理和解决(第 11 条第 1 款)。

2. 在本法典规定的情况下,提交发明、实用新型、外观设计、育种成果、商品商标、服务商标和商品原产地名称颁布证书的申请与审查,上述智力活动成果和个性化标识的国家注册,颁发相应的权利证明文件,对上述成果权利的授予、权利的保护方式或者权利的终止提出的异议,由联邦知识产权行政机关和联邦植物新品种行政机关通过行政程序进行(第 11 条第 2 款),而在本法典第 1401 ~ 1405 条规定的情况下,由俄罗斯联邦政府授权的联邦行政机关进行(第 1401 条第 2 款)。上述机关的决议自作出之日起生效,对上述决议可以按法定程序向法院提出异议。

3. 联邦知识产权行政机关、联邦育种成果行政机关依照本条第 2 款规定的程序审理和解决争议的规则,分别由在知识产权领域从事规范性法律调整的联邦行政机关、在农业领域从事规范性法律调整的联邦行政机关规定。依照本条第 2 款规定的程序审理和解决与秘密发明有关争议的规则,则由被授权的机关规定(第 1401 条第 2 款)。

(2014 年 3 月 12 日第 35 – ФЗ 号联邦法修改)

第 1249 条　专利费和其他规费

1. 实施与下列事项有关的具有法律意义的行为的,应分别交纳专利费和其他规费:发明、实用新型、外观设计和育种成果的专利、与计算机程序、数据库、集成电路布图设计、商品商标和服务商标的国家注册,商品原产地名称的国家注册,授予专有权以及专有权移转给其他人的国家注册,专有权抵押的国家注册和依合同授权使用智力活动成果和个性化标识的国家注册。

(2014 年 3 月 12 日第 35 – ФЗ 号联邦法修改)

2. 与计算机程序、数据库和集成电路布图设计有关的具有法律意义的行为的目录,以及应交纳国家规费、规费的数额、交纳的办法和期限,以及减免、缓交和退还国家规费的根据,由俄罗斯联邦税收立法规定。

除本款第 1 项规定的行为外,具有法律意义的行为的目录,以及应交纳专利费和其他规费、规费的数额、交纳的办法和期限,以及减免、缓交和退还的根据,由俄罗斯联邦政府规定。

(2008 年 6 月 30 日第 104 – ФЗ 号联邦法修改)

第 1250 条　智力权利的保护

(2014 年 3 月 12 日第 35 – ФЗ 号联邦法修改)

1. 智力权利以本法典规定的方式进行保护,同时应考虑被侵犯权利的性质和侵权的后果。

2. 本法典规定的保护智力权利的方式,可以根据权利人、著作权集体管理组织以及在法律规定情况下根据其他人的请求予以适用。

3. 本法典规定的侵犯智力权利责任的措施应该在侵权人存在过错的情况下适用,除非本法典另有规定。

侵犯智力权利的人应证明自己无过错。

除非本法典有不同的规定,本法典第 1252 条第 1 款第 3 项和第 3 款规定的侵犯智力权利的责任措施在侵权人存在经营活动的情况下实施侵权,应该适用无过错原则。如果侵权人不能证明侵犯智力侵权发生的结果是不可抗力,即在此情况下属于特殊或不可避免的情形,那么其应当承担侵权责任。

4. 适用本法典第 1252 条第 1 款第 3 项、第 4 项和第 3 款规定的智力权利保护措施，在没有过错的情况下，被侵权人有权对发生的损失，包括支付给第三方的损失提出赔偿请求。

5. 侵权人无过错，不免除其停止侵犯智力权利的责任，也不排除对侵权人采取以下措施：公布法院关于已经发生侵权的判决（第 1252 条第 1 款第 5 项）；制止侵犯智力权利和个性化标识专有权的行为或构成侵权威胁的行为（第 1252 条第 1 款第 2 项）；没收和销毁载有侵权内容的物质载体（第 1252 条第 1 款第 4 项），费用由侵权人负担。

第 1251 条　人身非财产权的保护

1. 在作者的人身非财产权受到侵犯时，权利的保护通过确认权利、恢复原状、制止侵权和构成侵权威胁的行为、赔偿精神损害、公布侵权的判决等方式进行。

2. 本条第 1 款的规定，也适用于本法典第 1240 条第 4 款、1260 条第 7 款、第 1263 条第 4 款、第 1295 条第 4 款、第 1323 条第 1 款、第 1333 条第 2 款和第 1338 条第 1 款第 2 项所规定权利的保护。

（2014 年 3 月 12 日第 35 – Ф3 号联邦法修改）

3. 作者名誉、人格和商业信誉的保护依照本法典第 152 条进行。

第 1252 条　专有权的保护

1. 智力活动成果和个性化标识专有权的保护可通过本法典规定的程序提出以下请求的方式进行：

（1）要求确认权利的请求——对否定或以其他方式不承认权利人的权利，从而侵犯其利益的人提出；

（2）要求制止侵权行为或构成侵权威胁的行为的请求——对

实施该行为或为实施该行为做出必要准备的人提出，以及对能够制止该行为的其他人提出；

(3)赔偿损失的请求——对未与权利人签订合同而非法使用智力活动成果或个性化标识(无合同使用)或以其他方式侵犯其专有权并对之造成损失的人提出，包括本法典第1245条、第1263条第3款和第1326条规定的侵犯其获得报酬的权利；

(4)依照本条第4款规定没收物质载体的请求——对物质载体的制作者、进口商、保管人、承运人、销售人、其他传播人、非善意取得人提出；

(5)要求公布法院关于侵权行为的判决并指出真正权利人的请求——对专有权侵权人提出。

(2014年3月12日第35-Ф3号联邦法修改)

2. 在侵犯专有权的案件中，可以通过诉讼保全程序，对于已经提出的与侵犯智力活动成果或个性化标识相关的物质载体、设备和材料，或与某些侵权行为采取与侵权的范围和性质相符的诉讼法规定的保全措施，包括可以扣押物质载体、设备和材料，对在信息网络中实施的相关行为下达禁令。

(2014年3月12日第35-Ф3号联邦法修改)

3. 在本法典对某些形式智力活动成果或个性化标识有规定的情况下，当专有权受到侵犯时，权利人有权不要求赔偿损失，而要求侵权人给付侵犯上述权利的补偿金。在这种情况下，侵权事实得到证明时，补偿金应当追偿。同时，免除请求保护权利的权利人关于损失数额的证明责任。

补偿金的数额由法院在本法典规定的限度内，根据侵权行为的性质和其他情节并考虑请求的合理性和公正性予以确定。

如果一个行为侵犯了多项智力活动成果或个性化标识专有权,那么补偿金的数额由法院针对不法使用智力活动成果或个性化标识的每一项来确定。在这种情况下,如果相应的智力活动成果或个性化标识的权利属于一个权利人,那么考虑到侵权的性质和后果,侵权的总赔偿额可以由法院降低到本法典规定的限额以下,但不得低于已经侵权的所有赔偿额的最低赔偿金额的百分之五十。

(2014 年 3 月 12 日第 35 – Φ3 号联邦法修改)

4. 如果制作、传播或以其他方式使用以及进口、运输或保管反映智力活动成果或个性化标识的物质载体导致侵犯该成果或标识载体的专有权时,该物质载体被视为侵权物品,并应依照法院判决禁止流通或予以销毁,而不给予任何补偿,但法律规定了其他后果的除外。

5. 主要用于或准备用于实施侵犯智力活动成果或个性化标识专有权的工具、设备或其他材料,应根据法院裁判禁止流通并予以销毁,费用由侵权人负担,但法律规定没收作为俄罗斯联邦收入的情况除外。

(2014 年 12 月 31 日第 530 – Φ3 号联邦法修改)

5.1 如果权利人和专有权的侵权人是法人和(或)个体经营者,且争议在仲裁法院的管辖范围内,则在提出赔偿损失或支付补偿金请求之前,必须由权利人提出权利主张。

在发出赔偿通知之日起 30 日内,如发生全部或部分拒绝赔偿或没有收到就赔偿问题的答复的情况下,可以提出赔偿损失或支付补偿金的请求,除非合同中对期限另有规定。

依本条第 1 款第(1)项、第(2)项、第(4)项和第(5)项及本条第 5 款规定提出请求之前,不要求权利人提出赔偿要求。

（2017 年 7 月 1 日第 147－Φ3 号联邦法新增）

6. 如果各种不同的个性化标识（企业名称、商品商标、服务商标、商号）相同或近似达到混淆的程度，且由于这种相同或近似可能导致消费者误认，或者在先具有个性化标识或产生在先专有权，或者在公约规定的优先权及个性化标识具有更早展览优先权的情况下，可能导致合同当事人误认，或者个性化标识和外观设计相同或近似达到混淆的程度，且由于这种相同或近似可能导致消费者误认，或者在先具有个性化标识或外观设计产生在先专有权，或者公约规定的优先权、展览优先权和其他的与个性化标识和外观设计有关的被规定的更早的优先权的情况下，可能导致合同当事人误认，该专有权的权利人可以依照本法典规定的程序请求认定已提供法律保护的商品商标、服务商标无效，认定外观设计专利无效或全部或部分禁止企业名称或商号的使用。

本款所指部分禁止使用是指：

对企业名称——禁止在一定种类的活动中使用；

对商号——禁止在一定区域内或（或）一定种类的活动中使用。

（2014 年 3 月 12 日第 35－Φ3 号联邦法修改）

6.1 一个侵犯智力活动成果或个性化标识专有权的行为是由几个人共同实施的，共同实施人对权利人承担连带责任。

（2014 年 3 月 12 日第 35－Φ3 号联邦法新增）

7. 如果侵犯智力活动成果或个性化标识专有权的行为被认定为不正当竞争，则对受到侵犯的专有权可以采用本法典规定的方式进行保护，也可以依照反垄断法进行保护。

第1253条　侵犯专有权法人清算和个体经营者终止活动

(2014年3月12日第35－ФЗ号联邦法修改)

如果法人多次或严重侵犯智力活动成果和个性化标识的专有权,则法院可以按照检察官的请求,依本法典第61条第2款的规定,在法人过错侵犯专有权的情况下,作出对该法人进行清算的裁判。

如果公民在实施经营活动中以个体经营者的名义未经许可过错侵犯专有权,则可以根据法院的民事判决或刑事判决按法定程序终止个体经营活动。

第1253.1条　信息网络服务商的特别责任

(2013年7月2日第187－ФЗ号联邦法新增)

1. 在包括互联网在内的信息网络中传输资料信息的人,为存储资料信息提供可能性的人,在信息网络中为接触信息资料提供可能性的人,称为信息网络服务商。信息网络服务商对于在信息网络中侵犯智力权利,在有过错的情况下,按照本法典规定的共同规则考虑本条第2款和第3款的规定特殊性承担责任。

2. 在信息网络中实施资料信息传输的信息网络服务商,在同时遵守下列条款时,对于资料信息传输产生的侵犯智力权利的后果不承担侵权责任:

(1)他不是信息内容传输的发送端,也不决定上述信息内容的接收者;

(2)在实施通信服务时,除为了保障资料信息传输技术程序而实施的改变外,他没有改变上述信息内容;

(3)他不知道也不可能知道相关智力活动成果或个性化标识的使用者,该使用者初始传输包含有相关智力活动成果或个性化标识的内容是不合法的。

3. 在信息网络中为资料信息提供存储可能的信息服务商,在同时遵守下列条款时,对由第三人或按照第三人的指示存储的内容产生侵犯智力权利的后果不承担侵权责任:

(1)他不知道也不可能知道包含在资料信息中使用的相关智力活动成果或个性化标识是不合法的;

(2)在收到权利人关于侵犯智力权利并注明放置该资料信息的网页和(或)网址的书面申请后,为制止侵犯智力权利,及时采取了必要和充分的措施。必要和充分的措施目录和实施程序由法律规定。

4. 根据本条可以向不承担智力权利侵权责任的信息网络服务商提出保护智力权利的要求(本法典第1250条第1款,第1251条第1款,第1252条第1款),但不涉及民事法律责任措施的适用,包括删除侵犯专有权的信息或者限制接触该信息。

5. 本条的规则适用于对于利用信息网络获取资料信息所必需、为接触资料信息提供可能性的信息网络服务商。

第1254条　被许可人权利的特别保护

如果第三人侵犯已经授予排他许可的使用智力活动成果或个性化标识的专有权,从而损害了被许可人根据许可合同取得的权利,则被许可人除采取其他方式维护自己的权利外,还可以采用本法典第1250条、第1252条规定的方式保护自己的权利。

(2014年3月12日第35－Ф3号联邦法修改)

第七十章　著　作　权

第1255条　著作权

1. 科学、文学或艺术作品的智力权利是著作权。

2. 作品的作者享有下列权利：

(1)作品的专有权；

(2)作者身份权；

(3)署名权；

(4)作品的不可侵犯权；

(5)作品的发表权。

3. 在本法典规定的情况下，作者除享有本条第2款规定的权利外，还享有其他权利，包括职务作品的报酬权、收回权、追续权和造型艺术作品的接触权。

(2014年3月12日第35－Ф3号联邦法修改)

第1256条　科学、文学或艺术作品专有权在俄罗斯联邦境内的效力

1. 科学、文学或艺术作品的专有权及于：

(1)在俄罗斯联邦境内发表的，或虽未发表但以某种客观形式存在于俄罗斯联邦境内的作品，承认作者(作者的权利继受人)享有专有权，不受他们的国籍限制；

(2)在俄罗斯联邦境外发表的，或虽未发表但以某种客观形式存在于俄罗斯联邦境外的作品，承认身为俄罗斯联邦公民的作者

(作者的权利继受人)享有专有权;

(3)在俄罗斯联邦境外发表的,或虽未发表但以某种客观形式存在于俄罗斯联邦境外的作品,依照俄罗斯联邦参加的国际条约,承认身为其他国家公民或无国籍人的作者(作者的权利继受人)在俄罗斯联邦境内享有专有权。

2. 如果作品在俄罗斯联邦境外首次发表后的30日内又在俄罗斯联邦境内发表,作品亦视为在俄罗斯联邦同时发表。

3. 依照俄罗斯联邦参加的国际条约,作品在俄罗斯联邦境内获得保护时,依照著作权取得根据的法律事实发生地国的法律确定作品的作者或其他原始权利人。

4. 作品不因在作品产生地国对该作品提供的专有权效力期限届满而成为公共财富,也不因根据本法典规定对他们提供的专有权的效力期限届满而在俄罗斯联邦成为公共财富,根据俄罗斯联邦参加的国际条约,这些作品在俄罗斯联邦境内获得保护。

依照俄罗斯联邦参加的国际条约对作品提供保护,这些作品在俄罗斯联邦的专有权有效期不得超过作品产生地国专有权的有效期。

第1257条　作品的作者

以创造性劳动创作作品的公民是科学、文学或艺术作品的作者。如果没有相反的证明,在作品原件或复制件上或者根据本法典第1300条第1款的规定以其他方式指明为作者身份的人,视为作品的作者。

(2014年3月12日第35-Φ3号联邦法修改)

第1258条　合作作者

1. 以共同的创造性劳动创作作品的公民是合作作者,而不论该作品是不可分割的整体，还是由具有独立意义的可以分割出的各个部分所组成的整体。

2. 以合作方式创作的作品，由合作者共同使用，但合作者之间的协议有不同规定的除外。如果该作品为不可分割的整体，则任何一位合作者如无充分理由均无权禁止该作品的使用。

可以独立于作品其他部分进行使用的部分作品，是具有独立意义的部分，可以由该部分的作者根据自己的意愿进行使用，但合作者之间的协议有不同规定的除外。

3. 对使用作品和处分作品专有权所得收入进行分配，合作作者的关系适用本法第 1229 条第 3 款的规定。

4. 每位合作作者均有权独立采取措施保护自己的权利，包括合作创作的作品为不可分割的整体。

第 1259 条　著作权客体

1. 科学、文学和艺术作品是著作权客体，而不论作品的价值和用途，也不论其表现方式：

文字作品；

戏剧和音乐戏剧作品、剧本作品；

舞蹈作品和哑剧作品；

带词或不带词的音乐作品；

视听作品；

绘画作品、雕塑作品、素描作品、工艺品、艺术设计作品、图解故事、连环漫画作品和其他造型艺术作品；

装饰实用艺术和舞台布景艺术作品；

建筑、城市建筑、园林艺术作品，包括其设计图、图纸、图像和立体沙盘模型；

摄影作品和以类似摄影的方式获得的作品；

与地质和其他科学有关的地图和其他地图、平面图、草图和造型作品；

(2015 年 6 月 29 日第 205 – Φ3 号联邦法修改；2015 年 12 月 30 日第 431 – Φ3 号联邦法修改)

其他作品。

著作权客体也包括作为文字作品受到保护的电子计算机程序。

2. 著作权客体包括：

(1) 演绎作品，即由另一作品改编而成的作品；

(2) 汇编作品，即在材料的选择和编排上体现创造性劳动成果的作品。

3. 著作权适用于以某种客观形式表达的已经发表的或虽未发表的作品，包括书面形式、口头形式(公开讲演、公开表演和其他类似形式)、描述形式、录音和录像形式、立体形式表现出来的作品。

4. 著作权的产生、行使和保护不要求作品进行登记或履行任何其他手续。

对电子计算机程序和数据库的登记，可以根据本法典第 1262 条的规定依据权利人的愿望进行。

5. 著作权不适用于思想、理念、原则、方法、程序、体系、方式、技术和组织及其他任务的解决方案，发现、事实和程序设计语言，地下资源的地质信息。

(2015 年 6 月 29 日第 205 – Φ3 号联邦法修改)

6. 以下不属于著作权客体：

(1) 国家机关和地方自治市政组织机关的官方文件，包括法律、其他规范性文件、法院裁判，其他具有立法、行政和司法性质的材料，国际组织的正式文件以及上述文件的官方译文；

（2）国家象征和标志（国旗、国徽、勋章、钱币等）以及市政组织的象征和标志；

（3）没有具体作者的民间创作作品（民间文学艺术）；

（4）仅具有信息性质的关于事件和事实的报道（当日新闻报道、电视节目表、交通工具时刻表等）。

7. 著作权适用于作品的部分、作品名称、作品的人物，如果就其性质而言，它们能够被确认为作者独立的创造性劳动成果并符合本条第 3 款的要求。

第 1260 条　翻译作品、其他演绎作品、汇编作品

1. 翻译者以及其他演绎作品（整理加工、摄制成电影或电视、改编乐曲、改编剧本或其他类似作品）的作者，对其翻译和改编其他作品（原作）所得作品享有著作权。

2. 汇编作品（文学选集、百科全书、数据库、互联网网站、地图集或其他类似作品）的作者，对其选择或资料编排（汇编）享有著作权。

数据库是以客观形式表现的独立而系统地借助于电子计算机检索和处理的资料（文章、计算、法规、法院裁判和其他类似资料）的总和。

（2014 年 3 月 12 日第 35 – Ф3 号联邦法修改）

3. 翻译者、汇编者、演绎作品或汇编作品的其他作者，行使自己的著作权的前提是维护用以创作演绎作品或汇编作品的原作品作者的著作权。

4. 演绎作品或汇编作品的演译者、汇编者和其他作者的著作权作为独立的著作权客体的权利受到保护，而与演绎作品或汇编作品原作者的权利的保护无关。

5. 收入文集或其他汇编作品的原作品的作者，有权使用原作品而与汇编作品无关，但与汇编者的合同有不同规定的除外。

6. 翻译作品、文集、其他演绎及汇编作品的著作权，不妨碍其他人对同一原作品进行翻译或改编，也不妨碍对相同资料进行不同的选择和编排来创作自己的汇编作品。

7. 百科全书、百科字典、定期和连续出版的学术文集、报纸、期刊和其他定期出版物的出版者有权利用这些出版物。出版者有权在使用这些出版物的任何场合署名或要求署名。

被收入这些出版物中的作品的作者或其他专有权所有人保留其专有权，而与出版者和其他人整体使用出版物的权利无关，但是这些专有权转让给出版者或其他人以及依法律规定的其他根据移转给出版者或其他人的情形除外。

第 1261 条　电子计算机程序

可以用任何语言和任何形式表现的各种电子计算机程序（包括操作系统和综合程序），包括源代码和目标代码，其著作权作为文字作品的著作权受到保护。电子计算机程序是以客观形式呈现的，为获得一定结果而用于电子计算机和其他电子计算机装置运行的数据和指令的总和，包括在编制电子计算机程序过程中获得的预备材料以及由电子计算机程序产生的视听再现形式。

第 1262 条　电子计算机程序和数据库的国家注册

1. 权利人在电子计算机程序或数据库专有权的有效期内可以按照自己的意愿在联邦知识产权行政机关对电子计算机程序或数据库进行注册。

包含构成国家机密信息资料的电子计算机程序和数据库不得进行国家注册。申请国家注册的人（申请人）对泄露电子计算机程序和数据库所包含的构成国家机密的信息情报，依照俄罗斯联邦的法律承担责任。

2. 电子计算机程序和数据库进行国家注册的申请（注册申请）应该仅针对一个电子计算机程序和/或一个数据库。

申请书应该包含以下内容：

关于电子计算机程序或数据库进行国家注册的申请并指明权利人，以及作者——如果作者不拒绝以这种资格被提及，并应注明每位作者的住所地或经常居住地；

用于识别计算机程序或数据库的提存材料，包括摘要。

——（该项自2014年10月1日起失效）

（2014年12月3日第35－Φ3号联邦法修改）

注册申请手续的规则，由实施知识产权领域从事规范性法律调整的联邦行政机关制定。

3. 联邦知识产权行政机关根据注册申请书审查是否存在必要的文件和材料，以及这些文件和材料是否符合本条第2款的要求。如果审查的结果是肯定的，则上述机关将电子计算机程序或数据库分别列入电子计算机程序登记簿或数据库登记簿，向申请人颁发国家注册证书，并将有关已经注册的电子计算机程序或数据库的信息在该机关的官方公报上公布。

作者或其他权利人根据上述联邦机关的要求或者由本人主动要求，有权在国家注册之前对注册申请书及相关文件和资料进行补充、说明和更正。

（2014年3月12日第35－Φ3号联邦法修改）

4. 电子计算机程序和数据库进行国家注册的程序、国家注册证书的格式、证书所包含项目以及联邦知识产权行政机关官方公报上公布的信息清单，由在知识产权领域从事规范性法律调整的联邦行政机关规定。

5. 已经注册的电子计算机程序或数据库专有权依合同或无合同移转给他人，均应在联邦知识产权行政管理机关进行国家注册。

（2014 年 3 月 12 日第 35 – Φ3 号联邦法修改）

5.1 根据权利人的申请，联邦知识产权行政机关可对计算机程序或数据库的权利人或作者的相关信息予以变更，包括权利人的名称或姓名、住所或居住地，作者姓名、通信地址的更正，以及为纠正计算机程序或数据库注册簿和国家注册证书中出现的明显的技术性错误而进行的变更。

联邦知识产权行政机关对电子计算机程序注册簿或数据库注册簿中明显的和技术性的错误，可以主动或应任何人的要求在事先通知权利人后予以变更。

联邦知识产权行政机关在正式公报上公布关于电子计算机注册簿或数据库注册簿的更变记录。

（2014 年 3 月 12 日第 35 – Φ3 号联邦法新增）

6. 列入电子计算机程序注册簿或数据库注册簿的信息，除非有能证明相反的情况，视为真实可靠的信息。申请人对提交注册的信息的真实可靠性承担责任。

第 1263 条　视听作品

1. 视听作品是由固定的一组相互联系的影像（有伴音或无伴音）组成的、借助相应装置可供视觉和听觉感知的作品。视听作品包括电影作品，以及用类似摄制电影的方法表现出来的一切作品

（电视片、录像片和其他类似作品），而不论其原始的或后续的固定方式。

2. 视听作品的作者是：

（1）导演；

（2）剧本作者；

（3）作曲者，即为该视听作品专门创作的（带词或不带词）音乐作品的作者。

3. 公开表演视听作品或以无线或有线方式播放包括转播视听作品时，用于视听作品的音乐作品（带词或不带词）的作者保留对使用上述音乐作品的获酬权。

（2014 年 3 月 12 日第 35 – Φ3 号联邦法修改；2015 年 11 月 28 日第342 – Φ3 号联邦法修改）

4. 视听作品的制作者，即组织该作品创作的人（制片人），其权利依据本法典第 1240 条的规定予以确定。

视听作品的整体的专有权属于制作者，除非他们与本条第 2 款规定的视听作品的作者签订的合同另有规定。

制作者有权在视听作品的任何一种使用中署名或者要求署名。如果没有相反的证据，以通常方式在视听作品上署名的人被认为是该作品的制作者。

（2014 年 3 月 12 日第 35 – Φ3 号联邦法修改）

5. 作为视听作品之组成部分作品的每位作者，不论是现有作品的作者（剧本所依据的原作的作者及其他作者），还是在视听作品创作过程中创作的作品的作者（总摄影师、总美术师及其他作者）保留对自己作品的专有权，但是该专有权已经转让给制作者或其他人，或者按法律规定的其他根据移转给制作者或其他人的情形除外。

第 1264 条　官方文件草案、官方象征和标志的设计方案

1. 官方文件草案包括官方文件的正式翻译草案，以及官方象征或标志的设计方案等的作者身份权属于创作该草案、设计方案的人（设计人）。

官方文件草案、官方象征和标志方案的设计人有权公布该设计方案，在公布设计方案时，设计人有权署名。但依据委托起草、设计方案时，国家机关、地方自治机关和市政机关或国际组织另有禁止的情形除外。

2. 如果设计方案已经由设计人公布，以供这些机关或组织使用或者设计人已经送交相应机关或组织，国家机关、地方自治机关或国际组织可以不经设计人的同意将官方文件草案、象征或标志的设计方案用于制作相应的官方文件、制作象征物或标志。

在根据相应设计制作官方文件、官方象征或标志时，可以由制作官方文件、象征物或标志的国家机关、地方自治机关或国际组织对设计方案进行补充或修改。

在国家机关、地方自治机关或国际组织正式接受设计以后，设计便可以使用，而不须指出设计人的姓名。

第 1265 条　作者身份权和署名权

1. 作者身份权——被确认为作品作者的权利和作者的署名权——以自己的真名、化名（笔名）或不署名（匿名）使用和许可使用作品的权利。在向他人转让或移转作品的专有权和许可他人使用时，该权利不可转让和移转，对这些权利的放弃自始无效。

2. 在匿名或化名发表作品时（除作者的化名不构成对其身份的怀疑的情况外），如无相反证明，作品上指出其名称的出版者（第

1287 条)被视为作者的代表人并有权以代表人身份维护作者的权利和保障作者权利的行使。在作品的作者公开自己的身份并主张自己的作者身份权之前,适用这一规定。

第 1266 条 作品不可侵犯权和保护作品不受歪曲的权利

1. 未经作者同意,不允许对其作品进行修改、缩减和增补,使用其作品时不许附加插图、序言、跋语、注释或作任何说明(作品不可侵犯权)。

在作者死后使用作品时,对作品享有专有权的人有权许可对作品进行修改、缩减或增补,其条件是不得歪曲作者的构思,不得破坏作品的完整性,也不得与作者在遗嘱、书信、日记中或在其他书面形式中明确表达的意志相抵触。

2. 当发生篡改、歪曲或以其他形式修改作品,从而有损于作者的名誉、人格或信誉,以及蓄意实施这种行为的情形时,作者有权依照本法典第 152 条的规定请求维护其名誉、人格或信誉。在这种情况下,允许根据利害关系人的请求,在作者死后维护其名誉、人格和信誉。

3. 在本法典第 1233 条第 5 款和第 1286.1 条第 2 款规定的情况下,作者可以同意对其作品在未来进行修改、缩减和增补,并在必要时使用插图和说明(纠正错误、订正或补充事实信息等),只要没有歪曲作者的思想,也没有破坏作品的完整性。

(2014 年 3 月 12 日第 35 – ФЗ 号联邦法修改)

第 1267 条 作者死后作者身份权、署名权和作品不可侵犯权的保护

1. 作者身份权、署名权和作品不可侵犯权无限期受到保护。

2. 作者有权通过指定遗嘱执行人的程序(第 1134 条)指定在

自己死后维护其作者身份权、署名权和作品不可侵犯权的人（第1266条第1款第2段）。该人终身行使这些权利。

在没有指定权利保护人时，或者作者指定的人拒绝行使有关权利时，以及被指定人死亡后，作者身份权、署名权和作品不可侵犯权的保护权利由作者的继承人、权利继受人和其他利害关系人行使。

第1268条　发表作品的权利

1. 作者享有发表自己作品的权利，即有权实施或同意实施通过出版、公开展示、公开演出、进行无线或有线播放以及以其他任何方式首次将作品公之于众。

出版，是指根据作品的性质，以能够满足公众合理需要的足够数量，以任何物质载体形式将作品复制后将复制件投入流通。

2. 作者如根据合同将作品移转给他人使用，视为同意发表该作品。

3. 作者在世时未发表的作品，如果作品的发表不违背作者以书面形式（遗嘱、书信、日记等）明确表达的意志，则可以在其死后由作品专有权所有人发表。

第1269条　收回权

（2014年3月12日第35－Ф3号联邦法修改）

1. 作者有权在实际发表作品之前放弃先前发表该作品的决定（收回权），但条件是赔偿这种决定对作品专有权受让人或者作品使用权接受人所造成的损失。

2. 本条的规定不适用于计算机程序、职务作品和已经纳入复合客体的作品（第1240条）。

第1270条　作品的专有权

1. 作品的作者或其他权利人享有依照本法典第1229条的规

定以任何方式和其他任何不与法律相抵触的方式(包括本条第2款所列方式)使用作品的专有权(作品的专有权)。权利人可以处分作品的专有权。

2. 不论实施的相应行为是否以营利为目的,以下行为均视为作品的使用:

(1)复制作品,即以任何物质形式,包括以录音或录像形式将作品或作品的一部分制作一份或多份,将二维作品以三维形式制作一份或多份,或者以二维形式将三维作品制作一份或更多份。以电子载体存储作品,包括存入电子计算机储存器中,也视为复制。下列情况不视为复制:作品具有临时或偶然性的短时记录并构成工艺流程之不可分割的实质部分,该种记录具有合法使用作品的唯一目的,或在信息网络中作为信息渠道在第三人之间实施的作品传输,且该记录不具有独立的经济意义。

(2014年3月12日第35－Ф3号联邦法修改)

(2)发行作品,即销售或者以其他方式转让作品原件或复制件。

(3)公开放映作品,即直接或借助于胶片、幻灯片、电视镜头或其他技术手段在屏幕上放映作品原件或复制件,以及直接或借助于技术手段、不按先后顺序在超出通常家庭范围的人数众多的公开场所或自由出入场所放映视听作品的某些镜头,而不论作品是否是在其放映场所被接收或在另一场所与放映场所同时被接收。

(4)为发行目的而进口作品的原件或复制件。

(5)出租作品的原件或复制件。

(6)公开表演作品,即通过活的表演或借助于技术设备(广播、电视和其他技术设备)表演作品,以及在自由出入场所或者人数众多的而不属于通常家庭聚会的范围场所放映视听作品(有伴音或无伴音),而不论作品是在其表演或放映场所被接收或在另一场所与表演或放映的场所同时被接收。

(7)无线广播,即通过广播或电视向公众播放作品,有线播放的除外;此时,广播被理解为,作品借以为公众的听觉和视觉所感知的任何行为,而不论公众是否实际接受。通过卫星实施无线播放的,无线广播被理解为接收地面站发向卫星的信号和自卫星转发信号,借助这些信号作品为公众所知,而不论公众是否实际接受。如果译码设备是由无线广播组织或经其同意向不限制范围的人群提供,则译码信号播放视为无线广播。

(2014 年 3 月 12 日第 35 – Φ3 号联邦法修改)

(8)有线广播,即借助于电缆、导线、光纤或类似设备通过广播或电视向公众播放作品。如果译码设备是由有线广播组织或经其同意向不限制范围的人群提供的,则译码信号播放视为有线广播。

(2014 年 3 月 12 日第 35 – Φ3 号联邦法修改)

(8.1)转播,即通过无线(包括通过卫星)或有线接收和同时播放由无线或有线广播组织播放的完全没有变化的广播电视节目或其实质性部分。

(2014 年 3 月 12 日第 35 – Φ3 号联邦法新增)

(9)翻译或对作品进行其他改编。改编,是指创作演绎作品(加工整理、摄制成电影或电视、改编乐曲、改编成戏剧及类似作品)。电子计算机程序或数据库的改编(修改),是指包括将电子计算机程序或数据库从一种语言翻译成另一种语言在内的任何修改,但适应性修改除外,即专为使程序或数据库在使用人具体技术设备上或在使用人具体程序控制下实现运行进行的改变。

(10)建筑艺术设计、工业品艺术设计、城市建筑或园林艺术设计的方案的具体实施。

(11)将作品向公众传播,即任何人可以根据自己选定的地点和时间获得作品(向公众传播)。

3. 构成作品内容的原理的实际运用,包括本是技术的、经济的、组织的或其他方案的原理,不是本条所指作品的使用,但本条第2款第10项规定的情形除外。

4. 本条第2款第5项的规则不适用于电子计算机程序,但该程序为出租的主要标的的情形除外。

第1271条　著作权的保护标志

权利人有权使用著作权保护标志通告自己所享有的作品的专有权,该标志置于作品的每份复制件上,著作权标志由下列要素组成:

放入圆圈中的拉丁字母"C";

权利人的姓名或名称;

作品首次发表的年份。

第1272条　已出版作品的原件和复制件的发行

作品的原件或复制件通过出售或其他转让方式合法在俄罗斯联邦境内进入民事流通的,准许不经权利人的同意也不向其支付报酬,继续发行作品的原件或复制件,但本法典第1293条规定的情形除外。

(2014年3月12日第35-Ф3号联邦法修改)

第1273条　为个人目的而自由复制作品

1. 对已经合法发表的作品,公民在必要的情况下,专为个人目的而进行复制,可不经作者或其他权利人的同意,也不须支付报

酬,但下列情形除外:

(2014 年 3 月 12 日第 35 – Φ3 号联邦法修改)

(1)以房屋和类似设施的形式复制建筑作品;

(2)复制数据库或其实质部分,但本法典第 1280 条规定的情形除外;

(2014 年 3 月 12 日第 35 – Φ3 号联邦法修改)

(3)复制电子计算机程序,但本法典第 1280 条规定的情形除外;

(4)影印书籍(全文)和音乐文本(第 1275 条),即借助于任何技术手段实施的,非用于出版目的的影印复制;

(2014 年 3 月 12 日第 35 – Φ3 号联邦法修改)

(5)在公开自由出入场所或超出通常家庭范围的人数众多的公开场所公开表演视听作品时,对视听作品进行录像;

(6)并非为了家庭使用,借助于专业设备对视听作品进行复制。

2. 如果对录音制品和视听作品的复制是专门用于个人目的而实施的,作者、表演者、录音制品和视听作品的制作者有权依本法第 1245 条的规定获得报酬。

(2010 年 10 月 4 日第 259 – Φ3 号联邦法修改)

第 1274 条　为了新闻、学术、教学或文化目的而自由使用作品

1. 在下列情况下使用作品,可以不经作者或其他权利人的同意,也不支付报酬,但必须指出所使用的作品的作者姓名及所引用资料的出处:

(1)以原文和译文的形式为学术、论证、批评、新闻、教学目的,为揭示作者的创新思想的目的而引用已经合法发表的作品,其中包括以报刊概述的形式转载报纸和期刊文章的段落篇幅应当与引用目的相符；

（2014年3月12日第35－Ф3号联邦法修改）

（2）在教学性质的出版物、广播电视节目、录音和录像制品中，作为说明问题的例子而使用已经合法发表的作品和作品片断，数量应符合既定目的；

（3）在定期出版物中转载和该出版物的后续发行、无线或有线广播、向公众传播已在定期出版物中合法发表的当前经济、政治和宗教问题的文章或者同类性质的作品，作者或其他权利人没有明确禁止；

（2014年3月12日第35－Ф3号联邦法修改）

（4）在定期出版物中复制和该出版物的后续发行、无线或有线广播、向公众传播公开进行的政治演说、讲活、报告和其他类似作品，篇幅应符合新闻报道的目的，同时作者保留在文集中发表这些作品的权利；

（2014年3月12日第35－Ф3号联邦法修改）

（5）在时事综述中（包括摄影、拍摄视频、电视和广播的方式）复制、发行、无线或有线播放、向公众传播在这些事件中所见或所闻的作品，篇幅应符合新闻报道的目的；

（2014年3月12日第35－Ф3号联邦法修改）

（6）教育、医疗、社会服务组织和刑事执行系统机构的工作人员（职员）及上述组织和机构的相应服务人员，在上述组织和机构内不以营利为目的，以现场表演的形式公开表演已合法发表的作品；

（2014年3月12日第35－Ф3号联邦法修改；2015年11月28日第358－Ф3号联邦法新增）

(7)在电子载体上进行存储,包括在计算机内存中存储并通过网络向公众传播论文摘要。

(2014 年 3 月 12 日第 35 – Φ3 号联邦法新增)

2. 专为盲人和视觉障碍者提供使用,将合法发表的作品以盲文和其他专门方式制作复制件(特种格式),以及不以营利为目的复制和发行此复制件,允许不经作者或其他专有权人同意,且不向其支付报酬,但有义务指出所使用作品的作者名称及引用资料的来源。

图书馆可以向盲人和视觉障碍者提供以专门方式制作的作品的复制件,在借阅室临时免费使用,以及通过信息网络向他们提供访问作品。

以专门方式的清单,以及通过信息网络提供访问专门方式制作的作品复制件的图书馆清单,以及提供该种访问的程序由俄罗斯联邦政府制定。

不允许专门为盲人和视觉障碍者使用,而以另外的方式制作作品复制件的任何继续复制或向公众传播行为。

本款的规定不适用于以使用为目的以专门形式制作的作品,以及由音乐作品构成的录音制品。

(2014 年 3 月 12 日第 35 – Φ3 号联邦法修改)

3. 允许不经作者或其他权利人同意,不支付报酬,为便于残疾人理解作品的目的进行盲文注释,提供作品的手语翻译。

(2014 年 3 月 12 日第 35 – Φ3 号联邦法修改)

4. 以另一合法发表的作品(原作)为基础创作文学的、音乐的或其他滑稽模仿作品或漫画作品,以及使用这些滑稽模仿作品或漫画作品,可以不经原作者或专有权其他权利人同意,也不须向其支付报酬。

(2014年3月12日第35-Φ3号联邦法修改)

第1275条　图书馆、档案馆和教育机构自由使用作品

(2014年3月12日第35-Φ3号联邦法修改)

1. 公共图书馆,以及对访问档案文献不受限制的档案馆,不以营利为目的,有权不经作者或其他权利人的同意,也不支付报酬,免费临时使用(包括相互利用图书馆资源的方式)作品原件或合法进入民事流通的作品复制件。

免费临时使用电子形式的作品复制件,只能在图书馆或档案馆内进行,但不能继续制作电子形式的作品复制件。

2. 公共图书馆,以及对访问档案文献不予限制的档案馆,不以营利为目的,有权不经作者或其他权利人的同意,也不支付报酬,但有义务指出作者姓名、作品名称、所引用的资料来源,将属于他们的和合法进入民事流通的作品的复制件制作单一副本,包括电子形式。

(1)为了保障和保存,使用者可以访问:

破旧的、磨损的、损坏的、残缺的作品副本;

唯一的和(或)稀有的作品副本、手稿,发给使用者可能导致其遗失,损坏或消失;

在机器可读介质上存储的作品的副本,缺乏必要的使用手段;

在俄罗斯联邦境内出版之日起超过十年没有再版,具有专门的科学和教育意义的作品副本。

(2)为了恢复、替换遗失或损坏的作品副本,以及因某些原因致使遗失而向其他公共图书馆或访问档案文献不受限制的档案馆提供作品副本。

3. 根据本条第 2 款以电子形式制作的作品副本的复制件，在遵守本条第 1 款规定的条件下可以向使用者提供。

4. 依据文献义务复制法获得学位论文副本的图书馆，不以营利为目的，有权不经作者或其他权利人的同意，也不支付报酬，但有义务指出作者姓名、作品名称、所引用的资料来源，将这些学位论文制作单一副本，包括以本条第 2 款规定的目的以电子形式制作副本。

以电子形式制作的学位论文副本，可以依照本条第 1 款规定的条件向使用者提供。

5. 公共图书馆，以及对访问档案文献不予限制的档案馆，不以营利为目的，有权不经作者或其他权利人的同意，也不支付报酬，但有义务指出作者姓名、作品名称、所引用的资料来源，就合法发表在文集、报纸和其他定期出版物中的单篇文章和小篇幅作品，合法发表的书面作品（有插图或无插图）的片断，应公民要求为了科学和教育目的，制作单一副本并提供复制件，包括以电子形式。

6. 教育机构，不以营利为目的，有权不经作者或其他权利人的同意，也不支付报酬，但有义务指出作者姓名、作品名称、所引用的资料来源，就合法发表在文集、报纸和其他定期出版物中的单篇文章和小篇幅作品，合法发表的书面作品（有插图或无插图）的片断，制作副本，包括以电子形式，为进行考试、课堂活动和自学向教学的和受教育的学员提供必要数量的复制件。

7. 国家档案馆在其权限范围内，对置于互联网上的作品，有权制作单一副本用于存档，但不包括后续的复制和向公众传播。

第1276条　自由使用长久位于公开自由进入场所的作品

(2014年3月12日第35－Φ3号联邦法修改)

1. 不经作者或其他权利人同意,也不支付报酬,允许对长久位于公开自由进入场所的造型艺术作品或摄影作品进行复制和发行制作复制件、无线或有线广播、向公众传播,但是如果造型艺术作品是构成使用的主要标的或造型艺术作品被用于获利目的的情形除外。

2. 不经作者或其他权利人同意,也不支付报酬,允许自由使用对置于公开自由进入场所或可观看到的场所的建筑艺术作品、城市建筑和园林景观艺术作品复制、发行制作的复制件,无线或有线广播、向公众传播作品的影像形式。

第1277条　自由公开表演合法发表的音乐作品

(2014年3月12日第35－Φ3号联邦法修改)

不经作者或其他权利人的同意,也不支付报酬,允许在官方仪式、宗教仪式或葬礼上公开表演合法发表的音乐作品,篇幅应符合该仪式的性质。

第1278条　为执法目的而自由复制作品

为了实施行政侵权案件审理程序,为了进行调查、预审或者实施诉讼程序,允许不经作者或其他权利人的同意,也不支付报酬,复制作品,篇幅应符合该目的。

第1279条　无线广播组织为短期使用而自由录制作品

不经作者或其他权利人的同意,并不须支付额外报酬,无线广播组织为短期使用目的,有权对已取得广播权的作品进行录制,但录制必须是广播组织为自己的节目而借助自己的设备进行。在这种情况下,该组织有义务在录制之日起的6个月内销毁录制品,但权利人同意或法律规定了更长期限的情形除外。该录制品如果仅具有文献性质,也可以不经权利人同意而保存在国家或市政当局的档案馆。

第1280条　计算机程序和数据库用户的权利

1. 合法持有计算机程序或数据库副本的人(用户)有权不经作者或其他权利人的许可,也不支付额外报酬,而实施下列行为:

(1)为计算机程序或数据库功能所必需(包括根据其目的的使用过程),包括记录和存储在计算机内储里(一台计算机或一个网络用户),修改计算机程序或数据库只有专为其在用户的技术设备上运行的目的所必需,更正明显的错误,但与权利人的合同有不同规定的除外。

(2014年3月12日第35-Φ3号联邦法修改)

(2)制作电子计算机程序或数据库的复制件,但该复制件只能是为了存档的目的或者在原程序丢失、毁坏或不能使用时替代合法取得的原件。在这种情况下,电子计算机程序或数据库的复制件不得用于本款第(1)项规定以外的目的,如果复制件的持有不再合法时,应该予以销毁。

2. 计算机程序副本的合法持有人有权不经权利人的同意,不给付额外报酬,实施本条第1款第(1)项规定的行为,为确定作为计算机程序任何元素之基础的思想和原则,对计算机程序进行学习、研究和运行试验。

3. 如果出于使计算机程序副本的合法持有人独立编制的计算机程序能与正在编码的程序兼容之必需,计算机程序副本的合法持有人,有权不经权利人的同意,也不给付额外报酬,复制目标代码并转换成源代码(编制电子计算机程序)或委托他人实施这些行

为,但必须遵守下列条件:

(1)此前该人未从其他来源得到过达到兼容目的所必需的信息;

(2)上述行为仅针对反编译计算机程序中为实现兼容所必需的部分实施;

(3)通过反编译获得的信息,仅能为了使独立编制的计算机程序与其他程序兼容才能使用;该信息不得转让给他人,但是为了使独立编制的程序与其他程序兼容所必需的情形除外;该信息也不得用于编制与反编译计算机程序种类相同的计算机程序,或者用于实施其他侵犯计算机程序专有权的行为。

4. 本条规则的适用,不得与计算机程序或数据库的正常使用相冲突,也不得无理损害作者或其他权利人的合法利益。

第 1281 条　作品专有权的效力期限

1. 作品专有权的有效期为作者有生之年加死后下一年 1 月 1 日起的 70 年。

合作创作的作品,专有权的有效期为最后死亡作者的有生之年加最后死亡作者死后下一年的 1 月 1 日起的 70 年。

2. 匿名或化名发表的作品,专有权的有效期为合法发表下一年 1 月 1 日起 70 年。如果上述期限内匿名或化名发表作品的作者公开自己的身份或其身份已经不再有怀疑,则其作品专有权的有效期适用本条第 1 款的规定。

3. 作者死后发表的作品,专有权的有效期为发表之后的 70 年,自发表之后下一年的 1 月 1 日起计算,其条件是作品在作者死后 70 年内被发表。

4. 如果作者受到迫害而死后被昭雪,则专有权的有效期顺延,自作者昭雪的下一年的1月1日起的70年。

5. 如果作者曾在伟大卫国战争期间工作或者参加过伟大卫国战争,则专有权的有效期在本条规定的基础上延长4年。

第1282条　作品成为公共财富

1. 科学、文学或艺术作品专有权效力终止后,无论是发表还是未发表,都转为公共财富。

(2014年3月12日第35－Φ3号联邦法修改)

2. 对已经成为公共财富的作品,任何人可以自由使用,无须任何同意或许可,也不必给付报酬。在这种情况下,作者的身份权、署名权和作品不可侵犯权受到保护。

3. 已经成为公共财富的未发表作品,可以由任何人自由发表,只要发表不违背作者用书面形式(遗嘱、书信、日记等)明确表示的意志。

合法发表此种作品的公民的权利,由本法典第七十一章规定。

第1283条　作品专有权的继承

1. 作品的专有权依继承而移转。

2. 在本法典第1151条规定的情况下,作为遗产组成部分的作品的专有权终止,作品即转为公共财富。在此情况下,合作作者之一死亡的,如果作品由部分组成,每个部分都有独立的意义,那么属于他的权利部分专有权终止;如果作品构成不可分割的整体,则死亡的合作作者在专有权中的份额应以平等份额的形式转移给所有仍活着的合作作者。

(2014年3月12日第35－Φ3号联邦法修改)

第1284条　对作品专有权和作品许可使用权的追索

1. 对属于作者的作品专有权不得提出追索,但对于作者签订的抵押合同,并且合同标的是在合同中指定的并属于作者的特定作品的专有权的情况除外。对依据作品专有权转让合同和许可合同向他人提出的请求权,以及对使用作品获得的收益,可以提出追索。

(2014 年 3 月 12 日第 35 – Φ3 号联邦法修改)

对不属于作者本人而属于他人的专有权,以及属于被许可人的作品使用权,可以提出追索。

本款第 1 段的规则,在专有权有效期内适用于作者的继承人、继承人的继承人等。

2. 如果为了对属于被许可人的作品使用权出于追索目的而进行公开拍卖,作品的作者有优先购买权。

第 1285 条　作品专有权转让合同

根据作品专有权转让合同,作者或其他权利人向取得人全部转让或有义务全部转让属于他的作品专有权。

第 1286 条　授予作品使用权的许可合同

1. 根据许可合同,一方——作者或其他权利人(许可人)向另一方——(被许可人)授权或承担义务授权在合同规定的范围内使用作品的权利。

2. 许可合同以书面形式签订。定期出版物使用作品的授权合同可以是口头形式。

3. 在有偿许可合同中,应该规定使用作品的报酬数额或报酬的计算方法。

(2014 年 3 月 12 日第 35 – Φ3 号联邦法修改)

4. 根据本法典第 1280 条享有计算机程序或数据库权利的用户,依据授权许可使用合同拥有合同规定范围内的计算机程序或数据库的使用权。

(2014 年 3 月 12 日第 35 – Φ3 号联邦法修改)

5. 与用户签订的授予普通(非排他)许可使用计算机程序或数据库的许可合同可以按简易程序签订。

按照简易程序签订的许可合同是附加合同的,合同条款包括可以在购买的计算机程序或数据库副本上或在副本的包装上的陈述,以及电子形式的陈述(第 434 条第 2 款)。用户对计算机程序或数据库的初始使用,按照指定的条款确定,则意味着他同意签订合同。此种情况下,书面形式的合同应该履行。

按照简易程序签订的许可合同是无偿的,但合同有不同规定的除外。

(2014 年 3 月 12 日第 35 – Φ3 号联邦法修改)

第 1286.1 条　使用科学、文学或艺术作品的开放许可

(2014 年 3 月 12 日第 35 – Φ3 号联邦法新增)

1. 作者或其他权利人(许可人)按照许可合同向被许可人授予普通(非排他)许可使用科学、文学或艺术作品,可以按简易程序签订。(开放许可)

开放许可是附加合同。为了使被许可人在开始使用相关作品之前了解合同条款的内容,合同的所有条款都应该是能被不特定的人群接触到并以这样的方式放置。在开放许可中,应包含有实施对合同条款的承诺(第 438 条)行为的指引,在这种情况下,书面形式的合同应该被遵守。

2. 开放许可的标的是合同规定范围内的科学、文学或艺术作品的使用权。

许可人可授予被许可人他享有的作品的使用权,用于创作新的智力活动成果。在此情况下,除开放许可另有规定外,视为许可人向任何希望使用按照开放许可规定的范围和条件在该作品的基础上创作新的智力活动成果的人发出使用属于他的作品的合同要约(第437条第2款)。此要约的承诺视为许可人签订该作品许可合同的要约的承诺。

3.开放许可是无偿的,但合同有另外规定除外。

如果开放许可的效力期限没有确定,有关计算机程序和数据库的上述合同视为就专有权的整个效力期限签订。有关其他作品类型的合同的效力期限视为五年。

如果开放许可没有指明相应作品授权使用的地域范围,视为在全世界范围授权使用。

4.如果被许可人向第三人许可使用属于许可人的作品或被许可人在该作品的基础上创作的新的智力活动成果,超出了权利范围和(或)其他并非开放许可合同所规定的条款,授予开放许可的许可人有权依单方程序完全或部分解除合同(第450条第3款)。

5.在开放许可提供或使用方面,如果作品的专有权受到不法行为的侵犯,作者或其他权利人有权要求根据本法典第1252条的规定对侵权者采取保护专有权的措施。

第1287条　出版许可合同的特别条款

1.根据作者或其他权利人与出版者签订的授予作品使用权的许可合同,出版者根据合同有义务出版作品,被许可人应在合同规定的期限届满之前使用作品(出版许可合同)。如果未履行这一义务,许可人有权解除合同而不赔偿因此给被许可人造成的损失。

如果合同中没规定使用作品的具体期限,则应该按照在该类作品和使用方式通常的期限内使用。许可人可以按照本法典第

450 条规定的理由和程序解除此合同。

2. 如果出版许可合同根据本条第 1 款的规定解除，则许可人有权要求向其全额支付该合同规定的报酬。

第 1288 条　著作委托合同

1. 根据著作委托合同，一方(作者)承担义务根据另一方(委托人)的委托在物质载体上或以其他形式创作合同规定的科学、文学或艺术作品。

作品的物质载体归委托人所有，但双方之间的合同规定物质载体由委托人暂时使用的除外。

著作委托合同是有偿合同，但双方之间的合同有不同规定的除外。

2. 著作委托合同可以规定向委托人转让应该由作者创作的作品的专有权，或者规定向委托人提供在合同规定的限度内使用作品的权利。

3. 如果著作委托合同规定向委托人转让应该由作者创作的作品的专有权，则对合同相应地适用本法典关于专有权转让合同的规则，但从合同的性质得出不同结论的除外。

4. 如果著作委托合同的签订附带有向委托人授予在合同规定限度内使用作品的权利，则对合同相应地适用本法典第 1286 条和第 1287 条的规定。

第 1289 条　著作委托合同的履行期限

1. 著作委托合同规定创作的作品，应在合同规定的期限内交付委托人。未规定和不能确定履行期限的合同，视为没有签订。

2. 如果著作委托合同的履行期已到，必要时或者有正当理由时，可以向作者提供时间为合同履行期四分之一的优惠期，但双方之间的合同规定了更长优惠期的除外。在本法典第 1240 条第 1 款规定的情况下适用这一规则,但合同有不同规定的除外。

3. 依照本条第 2 款向作者提供的优惠期届满时,委托人有权单方面解除著作委托合同。

在合同规定的期限届满时,如果合同尚未履行,而从合同的条款显然可以认为,由于合同期限未得到遵守,委托人丧失了对合同的兴趣,则委托人还有权直接解除合同。

第 1290 条　作品作者的合同责任

1. 根据作品专有权转让合同和许可合同,作者的责任限于给另一方造成的实际损失的数额,但合同规定了更少数额的情况除外。

2. 如果作者应对著作委托合同的未履行或不适当履行承担责任,则作者应向委托人返还预付款,在合同规定违约金的情况下,还应支付违约金。在这种情况下,上述给付的总额以给委托人造成的实际损失为限。

第 1291 条　作品原件的转让和作品专有权

(2014 年 3 月 12 日第 35 – Φ3 号联邦法修改)

1. 在作者转让作品的原件(手稿、绘画、雕塑作品的原件等),包括根据著作委托合同转让原件时,作者仍保留作品的专有权,但合同有不同规定的除外。

在作品原件所有权转让的情况下,如果作品专有权的持有人不是作者,作品的专有权将一并移转给作品原件的取得人,但合同有不同规定的除外。

本款针对作品作者的规则,在作品专有权的效力期限内适用于作者的继承人、继承人的继承人,以此类推。

2. 如果作品的专有权未移转给原件取得人，则原件取得人有权不经作者同意，也不给付报酬而展出所取得并归其所有的原件，以及有权将原件复制到展览会目录或关于取得人收藏品的出版物中，还有权将该作品的原件转至他人举办的展览会上展出。

造型艺术作品或摄影作品的原件取得人，如果与作者或其他权利人之间的合同没有其他规定，有权不经作者或其他权利人的同意，也不向其支付报酬，在自己的文学作品出版物中将其作为插图使用，以及不以营利为目的重制、公开展示作品复制件。

摄影作品的取得人，如果与作者或其他权利人之间的合同没有其他规定，有权在专供其传记所用作品的出版物中自由使用该作品。

第 1292 条　接触权

1. 造型艺术作品的作者有权要求作品原件的所有权人向他提供行使自己作品复制权的可能性（接触权），但是不能要求原件的所有权人将作品交给作者。

2. 建筑作品的作者有权要求作品原件的所有权人提供对作品实施摄影和录像的可能性，但合同有不同规定的除外。

第 1293 条　追续权

1. 在作者转让造型艺术作品原件的情况下，该作品的原件每次由作为居间人参与的法人或个人企业主（包括拍卖行、造型艺术馆、艺术沙龙、商店）转卖时，作者有权从卖方那里取得按转卖价款的一定比例提成的报酬（追续权）。具体比例以及给付报酬的条件和程序由俄罗斯联邦政府规定。

（2014 年 3 月 12 日第 35 – ФЗ 号联邦法修改）

2. 作者对文学作品和音乐作品的手稿（亲笔手稿）也依照本条

第1款的规定享有追续权。

3. 追续权不可转让，但在专有权有效期内可以由作者的继承人继承。

第1294条　建筑、城市建设和园林艺术作品作者的权利

1. 除非合同另有规定，建筑、城市建设和园林艺术作品的作者有依照本法典第1270条第2款和第3款的规定享有使用自己作品的专有权，包括制定施工文件和实施建筑、城市建设或园林项目方案。

（2016年7月3日第314－Ф3号联邦法修改）

据以制定设计方案的合同未作另外规定的，实施建筑、城市建设和园林设计方案的使用只能允许一次。设计方案及在其基础上制定的施工文件，如果合同没有其他不同规定，只有征得设计方案作者的同意，才能重复使用。

（2016年7月3日第314－Ф3号联邦法修改）

2. 建筑、城市建设和园林艺术作品的作者有权对制作建筑文件实行著作权审查，并有权对建筑物或构筑物以及其他实施其设计的事项实行著作权监督。实施著作权审查、监督的程序由联邦建筑与城市建设行政机关规定。

3. 建筑、城市建设和园林艺术作品的作者有权要求建筑、城市建设和园林艺术设计的委托人授权参与实施自己的设计方案，但合同有不同规定的除外。

第1295条　职务作品

1. 工作人员（作者）在规定的劳动职责范围内创作的科学、文学或艺术作品（职务作品），著作权属于作者。

2. 雇主与作者之间所签订的劳动合同或民事合同未作另外规定的，职务作品的专有权归雇主享有。

(2014 年 3 月 12 日第 35 – Φ3 号联邦法修改)

自职务作品提交给雇主支配之日起 3 年内,雇主未着手使用该作品,也不向他人转授专有权,或者不通知作者将作品保密的,职务作品的专有权返还给作者。

(2014 年 3 月 12 日第 35 – Φ3 号联邦法修改)

如果雇主在本款第 2 段规定的期限内开始使用作品或向他人转授作品的专有权,则作者有权获得报酬。当雇主决定对作品实行保密,并因此未在上述期限内使用作品,作者亦享有获得报酬的权利。报酬的数额、雇主给付报酬的条件和程序由雇主与工作人员的合同规定。有争议时,由法院裁决。

职务作品的获酬权不可转让,不能继承,但是作者与雇主之间的合同,且作者未得到的收入,可归继承人所有。

(2014 年 3 月 12 日第 35 – Φ3 号联邦法修改)

3. 如果依据本条第 2 款的规定,职务作品的专有权归属于作者的,雇主有权以普通(非排他)许可的条件由雇主支付报酬使用相应的职务作品。使用职务作品的范围、给付报酬的数额、条件和程序由雇主和作者之间的合同确定。有争议的,由法院裁决。

(2014 年 3 月 12 日第 35 – Φ3 号联邦法修改)

4. 如果雇主和作者之间的合同未作另外规定,雇主可以发表职务作品,以及在职务作品的使用中署上自己的名字或者名称或者要求署名。

(2014 年 3 月 12 日第 35 – Φ3 号联邦法修改)

第 1296 条　委托创作的作品

(2014 年 3 月 12 日第 35 – Φ3 号联邦法修改)

1. 承揽人(执行人)与委托人之间所签合同未作不同规定的,

依标的为创作计算机程序、数据库或其他作品的合同创作的作品，其专有权属于委托人。

2. 依照本条第1款，作品的专有权属于委托人的情况下，如果合同未作不同规定的，承揽人（执行人）有权在专有权的整个有效力期限内按照无偿普通（非排他）许可的条件，为了本人的需要而使用该作品。

3. 依照委托人与承揽人（执行人）的合同，在作品的专有权属于承揽人（执行人）的情况下，如果合同未作另外的规定，委托人有权为了实现合同目的，在专有权整个效力期限内按照无偿普通（非排他）许可的条件使用该作品。

4. 按照委托合同创作作品的作者，该作品的专有权不属于作者，有权依据本法典第1295条第2款第3项的规定获得报酬。

5. 本条规则不适用于作品作者本人是承揽人（执行人）的合同。（第1288条）

第1297条　完成合同工作任务而创作的作品

（2014年3月12日第35－Φ3号联邦法修改）

1. 计算机程序、数据库或其他作品是在完成工作任务合同或完成科学研究、试验设计或工艺设计作业合同的过程中创作的，而合同并未明文规定创作这个作品，如果合同未作不同规定，创作的计算机程序、数据库或其他作品的专有权属于承揽人（执行人）。

在这种情况下，如果合同未作不同的规定，则委托人有权在专有权的整个效力期限内按普通（非排他）许可的条件，为实现签订合同之目的使用该作品，而不再给付附加报酬。当承揽人（执行人）向他人转让作品的专有权时，委托人保留使用作品的权利。

2. 如果依照承揽人（执行人）与委托人的合同，作品的专有权转让给委托人或委托人指定的第三人,如果合同未作不同的规定,则承揽人(执行人)有权在专有权的整个效力期限内为了本人的需要按无偿普通(非排他)许可的条件使用他创作的作品。

3. 本条第1款所指作品的作者,如不享有该作品的专有权,则有权依照本法典第1295条第2款第3项的规定获得报酬。

第1298条　根据国家或市政合同而创作的科学、文学和艺术作品

1. 科学、文学或艺术作品如果是为了国家或市政需要而根据国家或市政合同创作的,则其专有权属于作为合同执行人的作者或合同的其他执行人所有,除非国家或市政合同规定此项权利属于作为国家或市政委托人的俄罗斯联邦、俄罗斯联邦主体或市政机构享有,或者属于执行人与俄罗斯联邦、执行人与俄罗斯联邦主体或者执行人与市政机构共同享有。

2. 如果依照国家或市政合同的规定,科学、文学或艺术作品的专有权属于俄罗斯联邦、俄罗斯联邦主体或市政机构,则执行人应通过与自己的工作人员和第三人签订合同从而取得所有权利或保证取得所有权利,以便将权利转让给俄罗斯联邦、俄罗斯联邦主体或市政机构。在这种情况下,执行人有权要求赔偿他因为向第三人取得相关权利而花费的开支。

3. 为国家或市政需要而根据国家或市政合同创作的科学、文学和艺术作品的专有权依照本条第1款不属于俄罗斯联邦、俄罗斯联邦主体或市政机构享有的,权利人应根据国家或市政机构委托人的请求向国家或市政机构指定的人提供相关科学、文学或艺术作品的无偿普通(非排他)许可,以供国家或市政需要而进行使用。

4. 为国家或市政的需要而根据国家或市政的合同创作的科

学、文学或艺术作品的专有权属于执行人与俄罗斯联邦、执行人与俄罗斯联邦主体或执行人与市政机构共有或者属于执行人与俄罗斯联邦或俄罗斯联邦主体或市政机构共同享有，则国家委托人或市政机构委托人在通知执行人以后，有权为了国家或市政需要而提供使用该科学、文学或艺术作品的无偿普通(非排他)许可。

5. 工作人员的专有权依照本条第 2 款移转给执行人的，有权依照本法典第 1295 条第 2 款第 3 项的规定获得报酬。

6. 本条的规则也适用于为国家或市政机构需要的国家或市政合同并未规定，但在执行该合同过程中编制的电子计算机程序或数据库。

第 1299 条　著作权保护技术措施

1. 著作权保护技术措施，是指为控制对作品的接触、防止或者限制实施未经作者或其他权利人就相关作品许可的行为而设置的任何的技术、技术装置或其组件。

2. 对作品不允许实施下列行为：

(1)未经作者或其他权利人的许可，排除通过技术措施确定的对作品使用的限制的行为；

(2)对任何工艺、任何技术装置或其组件进行制作、传播、出租、提供临时无偿使用、进口、广告宣传，为获取利润而使用这种技术措施，或提供相关的服务，致使利用技术措施保护著作权成为不可能，以及这些技术措施不再能保证对此种权利进行适当保护的。

3. 在违反本条第 2 款的情况下，作者或其他权利人有权根据自己的选择要求侵权人赔偿损失或依照本法典第 1301 条的规定给付补偿金。

(2010 年 10 月 4 日第 259 – Ф3 号联邦法修改)

4. 如果依据本法典第 1274 条第 1 ~ 3 款和第 1278 条的规定，不经作者或其他权利人的同意允许使用作品，并且由于采取保护著作权的技术措施而无法进行此类使用的情况下，则合法要求进行此类使用的人可以要求作者或其他权利人取消对通过使用著作权保护的技术措施建立的作品的使用限制，或者按照权利人的选择提供使用作品的可能性，只要技术上是可行的并且不需要大量的费用。

（2014 年 3 月 12 日第 35 – Ф3 号联邦法修改）

第 1300 条　著作权权利信息

1. 著作权权利信息，是指任何识别作品、作者或其他权利人的信息，或者包含在作品原件或复制件里的作品使用条件的信息。著作权权利信息附于作品原件或复制件，或者在作品进行无线或有线广播时，或者向公众传播时出现，以及包含于任何数字和密码中。

2. 对作品不允许实施下列行为：

（1）不经作者或其他权利人的同意，去除或变更关于著作权的权利信息；

（2）不经作者或其他权利人同意，去除或变更作品上关于著作权的权利信息后复制、发行、为发行目的进口、公开表演、进行无线或有线广播、向公众传播作品。

3. 在违反本条第 2 款规定的情况下，作者或其他权利人有权按照自己的选择要求侵权人赔偿损失或依照本法典第 1301 条的规定给付补偿金。

第 1301 条　侵犯作品专有权的责任

（2014 年 3 月 12 日第 35 – Ф3 号联邦法修改）

在作品的专有权受到侵犯的情况下，作者或其他权利人在使用本法典(第1250条、第1252条和第1253条)规定的保护方式和责任措施的同时,还有权依照本法典第1252条第3款的规定,根据自己的选择要求侵权人给付补偿金代替赔偿损失。

(1)补偿金的数额由法院根据侵权的性质从1万卢布至500万卢布酌情确定;

(2)按作品的侵权复制品价值数额的2倍计算;

(3)按作品授权使用价值的2倍计算,作品使用价值按可比情况下侵权者使用的合法使用作品应收取的金额计算。

第1302条 侵犯著作权案件的诉讼保全

1. 法院可以禁止被告人或者有足够证据认定为侵犯著作权的人实施某些行为(制作、复制、销售、出租、进口或本法典规定的其他使用行为,以及运输、保管或持有),该行为的目的是将认定为侵权的作品复制品投入民事流通。

法院还可以采取与侵权的数量和性质相当的保障措施,目的在于遏制信息网络中不法使用作品的行为,包括限制访问含有非法使用作品的材料信息。限制访问此类材料信息的程序由俄罗斯联邦信息法规定。

(2014年3月12日第35－Ф3号联邦法修改)

2. 法院可以扣押所有认定为侵权的作品复制品,以及用于或准备用于制造或复制作品复制品的材料和设备。

具有足够的侵犯著作权证据的情况下,调查或侦查机关应采取侦查措施并扣押认定为侵权的作品复制品,及用于或准备用于制造或复制上述复制品的材料与设备;在必要的情况下,可以采取措施,即没收上述复制品、材料与设备并严加保管。

（2014 年 3 月 12 日第 35 - Φ3 号联邦法修改）

3.——（该款自 2014 年 10 月 1 日起失效）

（2014 年 3 月 12 日第 35 - Φ3 号联邦法修改）

第七十一章　邻　接　权

第一节　一 般 规 定

第 1303 条　基本规定

1. 表演者的活动(表演)成果、录音、广播电视节目的无线或有线播放(无线或有线广播组织的广播)、数据库的内容以及科学、文学和艺术作品转为公共财富以后的首次发表的智力权利,为与著作权相邻接的权利(邻接权)。

2. 邻接权包括专有权,在本法典规定的情况下还包括人身非财产权。

3. 在科学、文学和艺术作品被用于邻接权客体的创作时,邻接权的实施应尊重作品的著作权。邻接权的承认和效力独立于作品的著作权的存在和效力。

(2014 年 3 月 12 日第 35 – Ф3 号联邦法修改)

第 1304 条　邻接权的客体

1. 邻接权客体有:

(1)可借助技术设备能够复制和传播的形式所表现的表演者和指挥者的表演、戏剧总导演的演出(表演);

(2)录音,即任何对表演或者对其他声音及其表现的纯声音的录制,但包含在视听作品里的录音除外;

(3)无线或有线广播组织的广播,包括该无线或有线广播组织自己制作的节目或按照其委托使用其经费由另一组织制作的节目；

(4)数据库，防止非法摘取和重复使用构成数据库内容资料的部分予以保护；

(5)转为公共财富以后发表的科学、文学和艺术作品，该作品发表人的权利受到保护。

2. 邻接权的产生、行使和保护，不需要对邻接权客体进行登记或者履行其他任何手续。

3. 对表演、录音、无线或有线广播组织的广播节目，如果在其原创地国尚未因该国规定的专有权有效期届满而转为公共财富，在俄罗斯也未由于本法典规定的专有权有效期届满而转为公共财富的，在俄罗斯联邦境内依照俄罗斯联邦参加的国际条约对邻接权客体予以保护。

第1305条　邻接权的法律保护标志

(2014年3月12日第35－Ф3号联邦法修改)

录音制作者和表演者，以及对录音或表演享有专有权的其他所有人，为通告自己享有的专有权，有权使用邻接权保护标志。

该标志标在每一份原件或复制件上和(或)每一个装有录音制品的盒子上，或者在使用录音和表演的情况下，根据本法典第1310条的规定以其他的方式进行标记。

该标志由三部分组成：放在圆圈内的拉丁字母P；专有权所有人的姓名或名称；录音制品初次出版的年份。

录音复制品，是指直接或间接从录音制品拷贝到任何物质载体上的，包括录音制品全部或部分声音或其声音再现的复制品。声音再现，是指为表现声音的数字形式，需要使用相应技术手段才能为人的听觉所能感知的声音记录。

第1306条 不经权利人同意也不给付报酬而使用邻接权客体

在自由使用作品的情况下(第1273条、第1274条、第1277条、第1278条和第1279条)和在本章规定的情况下,允许不经权利人同意,也不给付报酬而使用邻接权客体。

第1307条 邻接权客体专有权转让合同

根据邻接权客体专有权转让合同,一方——表演者,录音制作者,无线或有线广播组织,数据库制作者,科学、文学和艺术作品的发表或者其他权利人向另一方——专有权获得者全部转让或承担义务全部转让相应邻接权客体的专有权。

第1308条 授权使用邻接权客体的许可合同

1. 根据许可合同,一方——表演者,录音制作者,无线或有线广播组织,数据库制作者,科学、文学或艺术作品的发表者或其他权利人(许可人)向另一方(被许可人)授予或承担义务授予在合同规定的限度内使用邻接权客体的权利。

2. 根据许可合同,将邻接权客体授予普通(非排他)许可使用,可以依简易程序(开放许可)签订合同。关于科学、文学或艺术作品使用开放许可授权使用的规定适用于此类合同。(第1286.1条)

(2014年3月12日第35-Ф3号联邦法修改)

第1308.1条 邻接权客体专有权的继承

(2014年3月12日第35-Ф3号联邦法修改)

有关作品专有权继承的规定(第1283条)适用于表演、录音、无线或有线广播节目的广播、数据库的内容以及科学、文学或艺术作品转为公共财富后的发表的专有权的继承。

第1309条　保护邻接权的技术措施

本法典第1299条和第1311条的规定适用于控制访问邻接权客体、防止或限制实施未经权利人允许的针对邻接权客体的行为的任何技术、技术装置及其组成部分(邻接权保护的技术措施)。

第1310条　邻接权权利信息

本法典第1299条和第1311条的规定适用于邻接权权利信息,即任何识别邻接权客体及权利人的信息,或者邻接权客体使用条件的信息。这种信息包含于相应的物质载体、附注上,或者出现于无线或有线广播节目中,或者在这种客体向公众传播时出现,或者包含于任何数字与密码中。

第1311条　侵犯邻接权客体专有权的责任

(2014年3月12日第35-ФЗ号联邦法修改)

邻接权客体的专有权受到侵犯时,专有权所有人在适用本法典(第1250条、第1252条和第1253条)规定的保护方式和责任措施的同时,还有权依照本法典第1252条第3款的规定,根据自己的选择要求侵权人给付补偿金代替赔偿损失。

(1)补偿金的数额由法院根据侵权的性质从1万卢布至500万卢布酌情确定;

(2)按录音制品侵权复制品价值的2倍计算;

(3)按邻接权客体授权使用价值的2倍计算,该使用价值按可比情况下侵权者使用的合法使用该客体应收取的金额计算。

第1312条　侵犯邻接权案件的诉讼保全

出于侵犯邻接权案件诉讼保全的目的,对被告人或有足够证据认定为侵犯了邻接权的人,以及被认定为侵犯邻接权客体的侵权复制品,相应地适用本法典第1302条规定的措施。

第二节　表演者权

第1313条　表演者

以创造性劳动创作表演的公民是表演者，即表演的演员（演员、歌手、音乐演奏人、舞蹈演员或其他扮演角色、背诵、朗诵、歌唱、演奏乐器或以其他方式参加表演文学作品、艺术作品或民间艺术作品的人员，包括参加表演小型文艺节目、杂技或木偶戏的人员），以及乐队指挥、演出的总导演（实施戏剧、杂技、木偶、小型文艺节目及其他舞台演出的人员）。

（2017年3月28日第43－Ф3号联邦法修改）

第1314条　共同表演邻接权

1. 共同表演邻接权由共同参与创作的表演者团体成员（参与演出的演员、乐队队员和其他表演者团体成员）共同享有，而不论表演是构成不可分割的整体，或者由各自具有独立意义的各部分组成。

2. 共同表演邻接权由表演者团体的领导人行使。没有领导人，且表演者团体成员之间的协议未有其他规定的，由该团体成员共同行使。共同表演组成不可分割整体的，表演者团体中的任何一个成员没有足够的理由无权禁止共同表演的使用。

共同表演独立于其他部分的组成部分，即具有独立意义的部分，可以单独使用，可以由创作该部分的表演者根据自己的意志决定使用，但表演者团体成员之间的协议有不同规定的除外。

3. 对表演者团体成员基于使用共同表演所得收益的分配关系，适用本法典第1229条第3款的规定。

4. 表演者团体的每个成员均有权独立采取措施保护其共同表演邻接权,包括在表演构成不可分割的整体的情况下。

第 1315 条　表演者的权利

1. 表演者享有以下权利:

(1)表演专有权;

(2)表演者身份权——承认表演创作者的权利;

(3)署名权——在录音复制件上署名或其他使用表演的情形下署真名或假名的权利,而在本法典第 1314 条第 1 款规定的情况下,有权指出表演团体的名称的权利,但表演使用的性质决定不能指出表演者姓名或表演团体名称的情况除外;

(2014 年 3 月 12 日第 35 – Φ3 号联邦法修改)

(4)表演不可侵犯权——保护表演不受任何歪曲的权利,即防止对表演在录音、无线或有线广播以及向公众传播的过程中进行导致歪曲思想或破坏领会表演整体性的修改。

2. 表演者在尊重所表演作品作者著作权的情况下,行使自己的权利。

3. 表演者权利的承认和效力与所表演作品的著作权权利的存在和效力无关。

第 1316 条　表演者死亡后表演者身份权、表演者署名和表演不可侵犯权的保护

1. 表演者身份权、署名权和表演不可侵犯权无限期受到保护。

2. 表演者有权按照指定遗嘱执行人的程序(第 1134 条)指定在他死后保护其身份权、署名权和表演不可侵犯权的人。此人终身行使自己的权利。

(2014 年 3 月 12 日第 35 – Φ3 号联邦法修改)

缺乏这种指定或者被指定人拒绝行使有关权利时，以及在被指定人死后，表演者署名权和表演不可侵犯权的保护由表演者的继承人、权利继受人和其他利害关系人行使。

第 1317 条 表演专有权

1. 依据本法典第 1229 条的规定，表演者享有以任何不与法律相抵触的方式，包括以本条第 2 款规定的各种方式使用表演的专有权（表演专有权），表演者可以处分表演专有权。

2. 使用表演的方式如下：

（1）无线广播，即通过广播或电视（有线广播除外）公开播放（包括转播）。这里的广播是指使表演为听觉和（或）视觉可感知的任何行为，而不论公众是否实际接收。在通过卫星对表演进行无线广播时，无线广播是指卫星接收地面信号，再从卫星转输信号，从而使表演能够向公众传播，而不论公众是否实际接收。如果无线广播组织或经其同意通过数字方式向不受限制的人员范围提供数字信号的广播，该广播认为是无线广播。

（2）有线广播，即借助于电缆、导线、光纤或类似手段，通过广播或电视节目向公众播放表演（包括转播）。

（3）向公众传播，即任何人在个人选定的任何地点和任何时间内能够访问接收。

（4）录制表演，即借助于技术手段将表演的声音和（或）图像及其表现固定在任何物质载体上，该声音、图像及其表现能够被多次重复感知、复制或广播。

（5）复制表演的录制品，即制作一份或多份录制表演的复制品或以任何物质载体录制它的部分。在这种情况下，将表演录制到电子载体上，包括录制到电子计算机内存里，均视为复制。录制表演的缓存不认为是复制，该录制有临时或偶然的性质并构成技术程序的不可分割和实质性的一部分，具有唯一的合法使用所录制的表演的目的或在信息网络中在第三人之间作为传输表演的信息媒介，在此条件下，该录制不具有独立的经济意义。

（6）发行表演录制品，通过销售或以其他方式转让表演录制品的原件或复制件，复制件是记录该录制品的任何物质载体的形式。

（7）针对表演录制品实施本款第（1）、（2）、（3）项规定的行为。

（8）公开表演表演录制品，即借助于技术手段在自由参观的公众场所或在超出通常家庭范围的人数众多的公开场所播放表演录制品，而不论表演是在其播放场所被收看或在另一场所与播放的同时被收看。

（9）出租表演录制品的原件或复制件。

（2014 年 3 月 12 日第 35－ФЗ 号联邦法修改）

（10）公开表演戏剧演出，即在自由参观的公众场所或在超出通常家庭范围的人数众多的公开场所以活的表演或借助技术手段的方式提供演出，而不论戏剧演出的表演是在其提供的场所被收看或在另一场所与提供演出的场所同时被收看。

（2017 年 3 月 28 日第 43－ФЗ 号联邦法修改）

3. 表演录制品的制作应征得表演者同意，表演录制品的复制、无线或有线广播以及公开表演与表演者同意进行的录制具有相同的目的，则表演的专有权不适用于表演录制品的复制、无线或有线播放和公开表演。

4. 与表演者签订创作视听作品的合同的，推定表演者同意将其表演作为视听作品的组成部分。表演者同意单独使用视听作品中的录音或录像的，应在合同中明确表达。

5. 非演职人员使用表演的,适用本法典第 1315 条第 2 款的规定。

第 1318 条　表演专有权的有效期、继承和转为公共财富

1. 表演专有权的效力期限为表演者的一生,但不少于 50 年。自演员表演或指挥实施表演或记录表演、或无线或有线广播表演、或向公众传播表演的下一年的 1 月 1 日起计算。

戏剧演出的总导演的专有权的效力期限为总导演的一生,但不少于 50 年。自戏剧演出的总导演首次公开演出的下一年的 1 月 1 日起计算。

(2017 年 3 月 28 日第 43 – Ф3 号联邦法修改)

2. 如果表演者受到迫害而死后昭雪,则专有权的有效期顺延,自表演者昭雪的下一年的 1 月 1 日起的 50 年。

3. 如果表演者曾在伟大卫国战争期间工作或者参加过伟大卫国战争,专有权的有效期在本条第 1 款规定的基础上延长 4 年。

4. 在本条第 1 ~ 3 款规定的剩余部分期限内,表演专有权由继承人继承。

(2014 年 3 月 12 日第 35 – Ф3 号联邦法修改)

5. 表演专有权的效力终止之后,转为公共财富。对转为公共财富的表演,适用本法典第 1282 条的规定。

(2014 年 3 月 12 日第 35 – Ф3 号联邦法修改)

第 1319 条　对表演专有权和表演许可使用权的追索

1. 对于表演者享有的表演专有权不得提出追索,但是对具体表演享有专有权的表演者签订的质押合同,且专有权是质押合同标的的情况除外。表演者依据表演专有权转让合同和许可使用合同向他人提出的请求权,以及对使用表演所得的收益,可以提出追索。

(2014 年 3 月 12 日第 35 – Ф3 号联邦法修改)

对不属于表演者本人而属于他人的专有权,以及属于被许可人的表演使用权,可以提出追索。

本款第1项的规则,在专有权有效期内,适用于表演者的继承人、继承人的继承人,以此类推。

2. 在通过公开拍卖属于被许可使用人的表演使用权的情形下,为了对表演使用权实行追索,赋予表演者优先购买权。

第1320条　完成职责任务过程中创作的表演

工作人员(表演者)在规定的劳动职责范围内创作的表演的权利的归属,包括在这种情况下创作的共同表演的权利的归属,适用本法典第1295条的规定。

(2014年3月12日第35-ФЗ号联邦法修改)

第1321条　表演专有权在俄罗斯联邦境内的效力

在下列情况下,表演专有权在俄罗斯联邦境内有效:

表演者为俄罗斯联邦公民的;

首次表演是在俄罗斯联邦境内发生的;

表演已经用录音固定下来,而录音依照本法典第1328条的规定受到保护的;

表演虽未以录音形式固定下来,但已经被无线或有线播出,而播出依照本法典第1332条的规定受到保护的;

俄罗斯联邦参加的国际条约规定的其他情形。

第三节　录音制作者权

第1322条　录音制作者

对首次录制表演的声音或其他声音及这些声音的表现,自己发起并承担责任的人是录音制作者。如无相反的证明,在录音制品复制件和(或)其包装上,以通常方式或者根据本法典第1310条的规定以其他的方式指明其姓名或名称的人认定为录音制作者。

(2014年3月12日第35-Φ3号联邦法修改)

第1323条 录音制作者的权利

1.录音制作者享有:

(1)录音的专有权;

(2)在录音复制件和(或)其包装上指出姓名或名称的权利;

(3)保护录音在使用时不受歪曲的权利;

(4)录音发表权,即通过录音的公布、公开展示、公开表演、无线或有线播放或其他方式,使其首次能为公众可以获得。经制作者同意将能够满足公众合理需要数量的录音复制件投入流通的行为,也是发表(出版)。

2.录音制作者行使自己的权利,须尊重作品作者的权利和表演者的权利。

3.录音制作者权利的承认和有效,与作品作者的权利和表演者的权利的存在和有效无关。

4.在录音复制件和(或)其包装上署名的权利和保护录音不受歪曲的权利,在公民的终身或作为录音制作者的法人终止之前有效并受到保护。

第1324条 录音专有权

1.录音制作者享有以任何不与法律相抵触的方式(包括以本条第2款规定的方式)依照本法典第1229条的规定使用录音的权利(录音的专有权)。录音制作者可以处分录音专有权。

2. 下列方式认为是录音的使用：

(1)公开表演，即借助于技术手段在自由出入场所或在超出通常家庭范围的人数众多的公开场所播放录音，而不论录音是在其播放场所被接收或在另一场所与播放的同时被接收。

(2)无线广播，即通过广播或电视（包括转播）向公众播放录音，但有线广播除外。这里的播放是指使录音能产生听觉效果的行为，而不论受众是否收听。在通过卫星进行了无线广播时，播放是指卫星从地面站接收信号再从卫星转输信号从而使录音可能为公众了解，而不论受众是否实际接收。如果无线广播组织或经其同意，以数字方式向不受限制的范围人员提供，数字信号广播被认为是无线广播。

（2014 年 3 月 12 日第 35 – Ф3 号联邦法修改）

(3)有线广播，即借助于电缆、导线、光纤或类似手段，通过广播或电视向公众播放（包括转播）录音。

(4)向公众传播，即任何人能够自行决定在任何地点和在任何时间，获得接触录音制品的可能。

(5)复制，即制作一份或多份录音或录音的部分复制件。在这种情况下，在电子载体上记录录音，包括记入电子计算机内存，也视为复制。录音的缓存不认为是复制，该缓存具有临时或偶然的性质并构成技术程序的不可分割和实质性的一部分，具有唯一的合法使用录音的目的或在信息网络中在第三人之间作为传输录音的信息媒介，在此条件下，该缓存不具有独立的经济意义。

（2014 年 3 月 12 日第 35 – Ф3 号联邦法修改）

(6)发行录音制品，出售或转让录音制品原件或任何物质载体上的录音复制件。

(7)为传播目的进口录音制品或其复制品,包括经权利人许可制作的复制件。

(8)出租录音制品的原件或复制件。

(9)改编录音。

3. 合法对录音进行了改编的人,取得被改编录音的邻接权。

4. 在非制作人使用录音时,适用本法典第1323条第2款的规定。

第1325条 已发表录音制品原件或复制件的发行

如果录音制品原件或复制件在俄罗斯联邦境内通过销售或其他转让行为合法进入民事流通,则录音制品原件或复制件的继续发行,不需征得录音专有权所有人的同意,也无须向其给付报酬。

(2014年3月12日第35-ФЗ号联邦法修改)

第1326条 为商业目的使用发表的录音

1. 不征得录音专有权所有人和录于该录音中的表演专有权所有人的同意,允许为商业目的进行公开表演和无线或有线广播而使用已发表的录音,但必须向他们支付报酬。

2. 从使用人那里收取本条第1款规定报酬的收取和分配,由具有从事相关种类活动的国家授权的著作权集体管理组织进行(第1244条)。

3. 本条第1款规定的报酬,按表演者50%、录音制作者50%的比例构成在权利人之间进行分配。在录音的具体表演者、制作者之间报酬的分配按相应录音的实际使用比例进行。俄罗斯联邦政府有权确定报酬的费率,以及收取、分配和给付报酬的办法。

(2014年3月12日第35-ФЗ号联邦法修改)

4. 录音的使用人应该向著作权集体管理组织提交录音使用情

况的报告以及收取和分配报酬必需的其他信息材料和文件。

第1327条　录音专有权效力期限、该权利向权利继受人的移转和录音转为公共财富

1. 录音专有权有效期为50年,自录制下一年的1月1日起计算。录音在实施录制后的50年期限内发表的,专有权的有效期为50年,自录音发表的下一年的1月1日起计算。

2. 在本条第1款规定的有效期限内,录音专有权移转给录音制作者的继承人或其他权利继受人。

3. 录音专有权效力终止后,录音即转为公共财富。任何人可以不经同意或许可,也不给付报酬而自由使用。

(2014年3月12日第35-ФЗ号联邦法修改)

第1328条　录音专有权在俄罗斯联邦境内的效力

在下列情况下,录音专有权在俄罗斯联邦境内有效:

制作者是俄罗斯联邦公民或法人的;

录音在俄罗斯联邦境内发表或其复制品在俄罗斯联邦境内首次公开发行;

俄罗斯联邦参加的国际条约规定的其他情形。

第四节　无线或有线广播组织的权利

第1329条　无线或有线广播组织

(2014年3月12日第35-ФЗ号联邦法修改)

独立决定广播和电视节目的内容[声音和(或)图像或其反映的组合],依靠自己的力量或借助第三人实施无线或有线播放的法人是无线或有线广播组织。

第 1330 条　广播电视节目播放专有权

1. 依照本法典第 1229 条的规定，无线或有线广播组织享有以不与法律相抵触的任何方式，包括本条第 2 款规定的方式，使用其合理实施或已经实施的无线或有线广播电视节目播放的专有权。无线或有线广播组织可以处分广播电视节目播放专有权。

2. 使用广播电视节目的播放方式是指：

(1)录制播放的广播电视节目，即借助于技术手段用以任何物质载体将声音和(或)图像或其再现形式固定下来，从而可以多次重复接收、复制或播放。

(2)复制播放的广播电视节目的录制品，即以任何物质载体的形式将播放的广播电视节目或部分节目的录制品制作成一份或多份。将播放的广播电视节目记录到电子载体上，包括储入电子计算机内存，也视为复制。播放的广播电视节目的缓存不认为是复制，该缓存具有临时或偶然的性质并构成技术程序的不可分割和实质性的一部分，具有唯一的合法使用播放的广播电视节目的目的或在信息网络中在第三人之间作为传输播放的广播电视节目的信息媒介，在此条件下，该缓存不具有独立的经济意义。

(2014 年 3 月 12 日第 35 – Ф3 号联邦法修改)

(3)发行播放的广播电视节目，通过销售或其他方式转让播放的广播或电视节目录制品的原件或复制件。

(4)转播，即无线或有线广播组织接收另一无线或有线广播组织节目，同时进行无线(包括通过卫星)或有线播放其未作改变的全部而或它的实质性部分。

(2014 年 3 月 12 日第 35 – Ф3 号联邦法修改)

(5)将播放的广播电视节目向公众传播，即任何人能够自行决定在任何地点和在任何时间接受播放的广播电视节目(向公众传播)。

(6)公开表演,即借助于技术设备在收费入场的场所,公开播放广播电视节目,而不论在播放场所或者与播放同时的其他场所接受的情况如何。

(7)出租播放的广播电视节目录制品的原件或复制件。

(2014 年 3 月 12 日第 35 – Φ3 号联邦法修改)

3. ——(自 2014 年 10 月 1 日起失效)

(2014 年 3 月 12 日第 35 – Φ3 号联邦法修改)

4. 对播放广播电视节目的使用权,适用本法典第 1317 条的规定。

5. 无线和有线广播组织行使自己的权利时,应尊重作品作者的权利、表演者的权利,而在相应情况下,还应尊重录音权利所有人的权利和其他无线和有线广播组织对广播电视节目享有的权利。

6. 无线或有线广播组织的权利的承认和有效,与作者的权利、表演者的权利以及录音制作者的权利的存在和有效无关。

第 1331 条　广播电视节目播放专有权的效力期限、该权利向权利继受人的移转和广播电视节目转为公共财富

1. 广播电视节目播放专有权有效期为 50 年,自节目进行无线或有线播放的下一年的 1 月 1 日起计算。

2. 广播或电视节目播放专有权在本条第 1 款规定的剩余期限内移转给无线或有线广播组织的权利继受人。

3. 广播或电视节目播放专有权的效力终止后,即转为公共财富,无须同意或许可,也无须给付报酬,任何人可以自由使用。

（2014 年 3 月 12 日第 35 – Ф3 号联邦法修改）

第 1332 条　广播电视节目播放专有权在俄罗斯联邦境内的效力

有下列情形之一的，广播电视节目播放专有权在俄罗斯联邦境内有效：无线或有线广播组织在俄罗斯有地址并借助于设置在俄罗斯联邦境内的转发器进行了播放，以及俄罗斯联邦参加的国际条约规定的其他情况。

第五节　数据库制作者的权利

第 1333 条　数据库制作者

1. 组织制作数据库和对其中资料组织收集、整理与编排工作的人是数据库制作者。如果没有相反证明，以通常方式在数据库复制件和（或）其包装上署名的公民或法人是数据库的制作者。

2. 数据库的制作者享有：

数据库制作者专有权；

在数据库复制件和（或）其包装上指出姓名或名称的权利。

数据库发表权，即实施如下行为：首次通过刊登、向公众传播、无线或有线广播或其他方式将数据库公之于众。在此情况下，经制作者同意，投放足够数量的数据库复制件以满足公众的合理需求，构成发行（出版）。

（2014 年 3 月 12 日第 35 – Ф3 号联邦法新增）

在数据库复制件和（或）其包装上指出姓名或名称的权利，在数据库制作者专有权的有效期内有效并受到保护。

（2014 年 3 月 12 日第 35 – Ф3 号联邦法新增）

第1334条　数据库制作者专有权

1.由于数据库的制作(包括相应材料的整理及提交)需要耗费大量财力、物力,需要做大量的组织工作及其他各种消耗,因此从数据库中提取材料以及以任何方式使用这些材料的专有权属于数据库制作者。(数据库制作者专有权)数据库制作者可以处分上述专有权。如果没有其他证据,数据库的内容不少于一万个构成数据库独立的信息元素(材料)认定为制作耗费巨大的数据库(第1260条第2款第2项)。

除本法典规定的情形外,未经权利人的同意,任何人均无权从数据库中提取材料和进行使用。从数据库提取材料是指利用任何技术设备和以任何形式,将数据库内容的全部或构成数据库材料的实质部分转移到另一种信息载体上。

2.数据库制作者专有权的承认和效力,独立于著作权和数据库制作者及他人享有的数据库资料专有权的存在与效力,也独立于作为编辑作品的数据库的整体专有权的存在与效力。

3.在数据库专有权效力期限内,权利人可以按照自己的意愿将数据库在联邦知识产权行政机关进行注册。有关注册适用本法典第1262条的规定。

(2014年3月12日第35-Ф3号联邦法新增)

第1335条　数据库制作者专有权的效力期限

1.数据库制作者专有权产生于完成数据库的制作之时,保护期为15年,自制作后下一年的1月1日起计算。在上述期限内公布数据库的,数据库制作者专有权在15年内有效,自公布下一年的1月1日起计算。

2.本条第1款规定的期限,随着数据库每次更新而重新计算。

第 1335.1 条　不构成侵犯数据库制作者专有权的行为

（2014 年 3 月 12 日第 35－Ф3 号联邦法新增）

1. 合法使用已发表的数据库的人，有权不经专有权权利人——数据库的制作者的许可，从数据库中提取资料并进行后续的使用。下列行为不构成侵犯数据库制作者和其他人的专有权：

以授权目的使用任何数量数据库的内容，如果合同没有另外的规定；

出于个人、科学、教育的目的，数量与使用的目的相当；

出于其他目的，使用数据库的非实质性部分。

使用从数据库中提取的材料，在涉及不限人员范围访问它们的预设方式中，应该在数据库上附有提取数据库材料的指示。

2. 如果该人能证明，无法确定数据库制造者的身份，或者从事情的具体情况合理地认为，数据库制作者的专有权有效期已过，那么实施的数据库制作者专有权所覆盖的行为，不构成侵权。

3. 不允许重复提取或使用构成数据库非实质性部分的材料，如果该行为影响了数据库的正常使用，并以不合理的方式侵害了数据库制作者的合法利益。

4. 如果某些材料包含在数据库中，但是由使用这些材料的人从该数据库以外的其他来源合法获得，则数据库的制作者不应禁止使用这些材料。

第 1336 条　数据库制作者专有权在俄罗斯联邦境内的效力

1. 下列情况下，数据库制作者专有权在俄罗斯联邦境内有效：

数据库制作者是俄罗斯联邦公民或法人的；

数据库制作者是外国公民或外国法人，并且依据相关外国法律在该国境内对俄罗斯联邦公民或法人作为制作者的数据库制作

者提供专有权保护的;

俄罗斯联邦参加的国际条约规定的其他情况。

2. 如果数据库制作者是无国籍人,该人在俄罗斯联邦境内或在外国境内有住所,则以俄罗斯公民或者外国公民的待遇,相应地适用本条第 1 款的规定。

第六节　科学、文学或艺术作品发表人的权利

第 1337 条　发表人

1. 发表人,是合法地发表或组织发表以前未曾发表过已转为公共财富(第 1282 条)的或者由于著作权不再受保护而转为公共财富的科学、文学或艺术作品的公民。

2. 发表人的权利,适用于依照本法典第 1259 条的规定,不受创作时间限制而承认为著作权客体的作品。

3. 本节规定的原则,不适用于国家和市政档案馆收藏的作品。

第 1338 条　发表人的权利

1. 发表人享有:

(1)对其所发表作品的发表人专有权(第 1339 条第 1 款);

(2)署名权,即在其发表的作品复制件上和在包括该作品翻译与改编在内的使用作品上署名的权利。

2. 发表人发表作品时,应当遵守本法典第 1268 条第 3 款规定的条件。

3. 发表人在发表人专有权保护期内对作品享有本法典第 1266 条第 1 款规定的权利。作品发表人的权利继受人享有同样的权利。

第 1339 条　作品发表人专有权

1. 作品发表人享有依照本法典第 1229 条以本法典第 1270 条第 2 款第(1)~(8.1)项和第(11)项规定的方式使用作品的专有权(作品发表人专有权)。发表人可以处分上述专有权。

(2014 年 3 月 12 日第 35–Ф3 号联邦法修改)

2. 在作品以翻译形式或其他改编形式发表时,亦承认作品发表人的专有权。不论发表人和其他人对翻译作品或其他改编作品的著作权是否得到承认和保护,作品发表人的专有权均应得到承认和保护。

第 1340 条　作品发表人专有权的保护期

(2014 年 3 月 12 日第 35–Ф3 号联邦法修改)

1. 作品发表人专有权的保护期产生于作品发表之时,期限为 25 年,自该作品发表下一年的 1 月 1 日起计算。

2. 作品发表人的专有权保护期终止后,任何人不需同意和许可,也不给付报酬,可以自由使用。

第 1341 条　作品发表人专有权在俄罗斯联邦境内的效力

1. 发表人的专有权适用于以下作品:

(1)在俄罗斯联邦境内发表的作品,而不论发表人的国籍;

(2)俄罗斯联邦公民在俄罗斯联邦境外发表的作品;

(3)外国公民或无国籍人在俄罗斯联邦境外发表的作品,但作品发表地国的立法对俄罗斯联邦公民作为发表人的专有权在其境内给予保护的;

(4)俄罗斯联邦参加的国际条约规定的其他情况。

2. 在本条第 1 款第(3)项规定的情况下,作品发表人专有权的保护期不得超过产生作品发表人专有权的法律事实发生地国规定的发表人专有权的保护期。

第 1342 条　发表人专有权的提前终止

如果在使用作品时,权利人违反了本法典对作者身份权、作者署名权或作品不可侵犯权的要求,可以根据利害关系人的请求通过司法程序,作品发表人的专有权可以提前终止。

第 1343 条　作品原件的转让和作品发表人的专有权

1. 在作品原件(手稿、绘画、雕塑作品及类似作品的原件)由所有权人进行了转让,而所有权人对被转让作品享有发表人专有权时,专有权亦转让给作品原件的取得人,但合同有不同规定的除外。

2. 如果作品发表人专有权未移转给作品原件的取得人,则取得人有权不经发表人、专有权所有人的同意而以本法典第 1291 条第 2 款规定的方式使用作品原件。

(2014 年 3 月 12 日第 35 – Ф3 号联邦法修改)

第 1344 条　受保护的发表人专有权作品原件和复制件的发行

如果依照本节的规定发表的作品原件或复制件,通过销售或其他转让方式合法地进入民事流通,则作品原件或复制件的继续发行可以不经发表人的同意,也无须给付报酬。

第七十二章　专　利　权

第一节　一 般 规 定

第 1345 条　专利权

1. 发明、实用新型或外观设计的智力权利是专利权。

2. 发明、实用新型或外观设计的作者享有下列权利：

(1)专有权；

(2)作者身份权。

3. 在本法典规定的情况下，发明、实用新型或外观设计的作者还享有其他权利，包括专利取得权，职务发明、实用新型或外观设计的报酬权。

第 1346 条　发明、实用新型或外观设计专有权在俄罗斯联邦境内的效力

在俄罗斯联邦境内承认联邦知识产权行政机关颁发的专利证书所证明的或者依照俄罗斯联邦参加的国际条约在俄罗斯联邦境内有效的专利证书所证明的发明、实用新型或外观设计的专有权。

第 1347 条　发明、实用新型或外观设计的作者

发明、实用新型或外设设计的作者是以创造性劳动创造了相应智力活动成果的公民。如果没有相反证明，发明、实用新型或外观设计的专利申请书中作为作者指出的人，视为发明、实用新型或外观设计的作者。

第1348条　发明、实用新型或外观设计的共同作者

1. 以共同的创造性劳动创造了发明、实用新型或外观设计的公民,是共同作者。

2. 每位共同作者均有权按照自己的意愿使用发明、实用新型或外观设计,但他们之间的协议有不同规定的除外。

3. 对共同作者涉及发明、实用新型或外观设计使用收益的分配和发明、实用新型或外观设计专有权处分的关系,适用本法典第1229条第3款的规定。

发明、实用新型或外观设计专利取得权的处分由共同作者共同行使。

4. 每位共同作者均有权独立采取措施保护自己对发明、实用新型或外观设计的权利。

第1349条　专利权的客体

1. 专利权的客体,是指在科学技术领域中符合本法典对发明和实用新型规定要求的智力活动成果,和在工业品艺术设计领域中符合本法典对外观设计规定要求的智力活动成果。

(2014年3月12日第35－Φ3号联邦法修改)

2. 如果本法典第1401～1405条的特别规定或者依照本法典颁布的其他法律文件没有不同规定,则本法典的规定适用于包含构成国家秘密信息的发明(秘密发明)。

3. 对包含构成国家秘密信息的实用新型和外观设计,不依照本法典提供法律保护。

4. 不得成为专利权客体的有:

(1)人的克隆方法和人的克隆;

(2014年3月12日第35－Φ3号联邦法修改)

(2)人的胚胎细胞基因链变形方法;

(3)出于工业和商业目的使用人的胚胎;

(4)本条第1款所指的智力活动成果,如果他们违背公共利益、人道和道德准则。

(2014年3月12日第35-Φ3号联邦法修改)

第1350条　发明的可专利性条件

1. 任何领域的产品(包括涉及构造、物质、微生物菌种、植物或动物细胞繁育)或方法(借助于物质手段对物质客体实施作用的过程),包括将产品或方法用于特定目的的技术方案作为发明受到保护。

如果发明具有新颖性且具有发明水平和工业实用性,则对发明提供法律保护。

(2014年3月12日第35-Φ3号联邦法修改)

2. 如果发明从现有技术中不能得知,则发明具有新颖性。

如果对于专业人员而言,从现有技术中发明并非显而易见,则发明具有发明水平。

发明的现有技术包括截至发明优先权日能为公众所获得的所有材料信息。

(2014年3月12日第35-Φ3号联邦法修改)

在确定发明的新颖性时,现有技术也包括在其更早优先权的条件下,其他人在俄罗斯联邦提出的发明、实用新型和外观设计的专利申请,以及已经在俄罗斯获得专利的发明、实用新型和外观设计。这些发明、实用新型和外观设计的文件,任何人均有权依照本法典第1385条第2款或第1394条第2款的规定进行了解。

(2014年3月12日第35-Φ3号联邦法修改)

3. 发明人、专利申请人披露与发明有关的信息,或者从他们那里直接或间接获得信息的任何人披露此信息(包括在展会上展出发明成果),导致发明的实质信息为公众所知晓,并不妨碍承认发明的可专利性,但条件是发明的专利申请在披露信息之日起的6个月内向联邦知识产权行政机关提出。致使信息被披露的情况的发生不妨碍发明的可专利性的证明责任,由申请人承担。

(2014年3月12日第35-Φ3号联邦法修改)

4. 如果发明能够被应用于工业、农业、卫生、其他经济领域或社会领域,则发明具有工业实用性。

5. 以下各项不是发明:

(2014年3月12日第35-Φ3号联邦法修改)

(1)发现;

(2)科学理论和数学方法;

(3)仅涉及产品外观和旨在满足美学需求的方案;

(4)游戏、智力活动和经济活动的规则和方法;

(5)电子计算机程序;

(6)仅为提供信息的方案;

依照本款,只有在发明的专利申请涉及这些客体时,才排除将这些客体列为发明的可能性。

6. 对以下各项均不作为发明提供法律保护:

(1)植物品种、动物品种和获得动植物品种的生物学方法,即完全由杂交和精选构成的方法,但微生物方法和以此方法获得的产品除外;

(2014年3月12日第35-Φ3号联邦法修改)

(2)集成电路布图设计。

第 1351 条　实用新型的可专利性条件

1. 构造的技术方案作为实用新型受到保护。

如果实用新型具有新颖性和工业实用性，则对实用新型提供法律保护。

2. 如果实用新型的实质性特征的总和从现有技术中不能得知，则实用新型具有新颖性。

实用新型的现有技术包括截至实用新型优先权日的能为公众所获得的所有材料信息。现有技术也包括在更早优先权情况下，其他人在俄罗斯联邦提出的发明、实用新型或外观设计专利的专利申请，这些发明、实用新型或外观设计的申请文件，任何人均有权依照本法典第 1538 条第 2 款或第 1394 条第 2 款的规定进行了解。现有技术还包括已经在俄罗斯获得专利的发明和实用新型。

（2014 年 3 月 12 日第 35 – Ф3 号联邦法修改）

3. 实用新型的发明人、专利申请人披露与发明实用新型有关的信息，或者从他们那里直接或间接获得信息的任何人披露此信息（包括在展览会上展出实用新型的成果），导致实用新型的实质信息为公众所知晓，并不妨碍承认实用新型的可专利性，但条件是实用新型的专利申请在披露信息之日起 6 个月内向联邦知识产权行政机关提出。致使信息被披露的情况的发生不妨碍实用新型的可专利性的证明责任，由申请人承担。

（2014 年 3 月 12 日第 35 – Ф3 号联邦法修改）

4. 如果实用新型能够被应用于工业、农业、健康保护或者其他经济领域或社会领域，则实用新型具有工业实用性。

5. 本法典第 1350 条第 5 款指出的客体，不是实用新型。

依照本款，只有在实用新型的专利申请涉及这些客体时，才排除将这些客体列为实用新型的可能性。

(2014 年 3 月 12 日第 35 – Φ3 号联邦法修改)

6. 本法典第 1350 条第 6 款指出的客体,不得作为实用新型提供法律保护。

(2014 年 3 月 12 日第 35 – Φ3 号联邦法修改)

第 1352 条　外观设计的可专利性条件

(2014 年 3 月 12 日第 35 – Φ3 号联邦法修改)

1. 工业产品或手工业产品的外形方案作为外观设计受到保护。

如果外观设计在其实质性特征方面具有新颖性和独创性,则外观设计受到法律保护。

产品外形具有审美意义的特征,包括产品的形状、排列、图案、颜色组合、线条、轮廓及产品的结构或者产品材料的表现手法,是外观设计的实质性特征。

仅由产品的技术功能产生的特征,不是外观设计的保护特征。

2. 如果反映在产品外形图案中的外观设计实质性特征的总和,在外观设计优先权日之前从世界上公众可获得的信息中不能得知,则外观设计具有新颖性。

3. 如果外观设计的实质性特征是由产品特殊的创造性产生的,包括如果在外观设计优先权日之前从世界上可为公众可获得的信息中没有相似用途产品的外形方案,则该外观设计具有独创性。相似是指熟悉情况的消费者对产品外形图案的反映所形成的对外观设计产生的总体印象。

4. 在达到外观设计的新颖性和独创性情况下,还要考虑到(更早优先权情况)发明、实用新型、外观设计的所有申请以及其他人在俄罗斯联邦提交国家注册的商品商标、服务商标申请。并且根据本法典第 1385 条第 2 款、第 1394 条第 2 款、第 1493 条第 2 款的规定，任何人有权了解这些申请文件。

外观设计的设计人、专利申请人披露与外观设计有关的信息，或者从他们那里直接或间接获得此类信息的任何人披露该信息（包括在展览会展出外观设计成果），导致外观设计的实质信息为公众所知晓，并不妨碍承认外观设计的可专利性，但条件是外观设计专利申请在信息披露之日起的 12 个月内向联邦知识产权行政机关提出。导致信息被披露的情况的发生并不妨碍承认外观设计的可专利性的证明责任，由申请人承担。

5. 以下情形不得作为外观设计予以法律保护：

(1)方案的所有特征完全取决于产品仅有的技术功能；

(2)设计方案可能导致产品的消费者误认，包括产品的制造者、产品制造地，或者将设计产品用作商品的容器、包装、标牌，特别是与本法典第 1483 条第 4 ~ 10 款规定的客体相同的设计方案，或者产生相同的总体印象，或者在设计方案中包括了这些客体。如果这些客体在外观设计优先权日之前产生权利，但享有这些客体专有权的人请求外观设计法律保护的情形除外。

对与本法典第 1483 条第 4 款、第 9 款第 1 项、第 2 项规定的客体相同，或者产生相同的总体印象，或包括这些客体的外观设计提供法律保护，需要上述客体权利的持有人或持有人授权的人或权利所有人的同意许可。

第 1353 条　发明、实用新型或外观设计的国家注册

发明、实用新型或外观设计专有权的确认和保护以相应发明、实用新型或外观设计国家注册为条件。根据国家注册，联邦知识产权行政机关颁发发明、实用新型或外观设计的专利证书。

第1354条　发明、实用新型或外观设计专利

1. 发明、实用新型或外观设计专利证明发明、实用新型或外观设计的优先权、作者身份权和发明、实用新型或外观设计的专有权。

2. 根据专利并在专利所包含的发明权利要求或相应实用新型权利要求确定的范围，对发明或实用新型的智力权利提供保护。为了解释发明权利要求或实用新型权利要求，可以使用说明书和附图（本法典第1375条第2款和第1376条第2款）。

3. 根据专利对外观设计的智力权利提供保护，保护范围依据外观设计专利中所包含的反映在产品外形图案上的外观设计实质特征的总和确定。

（2014年3月12日第35－Φ3号联邦法修改）

第1355条　对发明、实用新型或外观设计的创造和利用的国家奖励

国家鼓励发明、实用新型和外观设计的创造和利用，依照俄罗斯联邦的立法向发明人以及专利权人和利用发明、实用新型和外观设计的被许可人提供优惠。

第二节　专　利　权

第1356条　发明、实用新型或外观设计的作者身份权

作者身份权，即被承认是发明、实用新型或外观设计的创作者的权利。身份权不可转让和不可移转，包括在其发明、实用新型或外观设计的专有权转让或移转给他人时，以及向他人提供发明、实用新型或外观设计的使用权时,均不得转让或移转。对该项权利的放弃自始无效。

第 1357 条　发明、实用新型或外观设计专利取得权

1. 发明、实用新型或外观设计的专利取得权最初属于发明、实用新型或外观设计的创作者。

2. 发明、实用新型或外观设计的专利取得权可以移转给他人(权利继受人),或者在法律规定的情况下并依照法律规定的依据进行移转,包括通过概括性权利继承程序或根据合同(包括劳动合同)进行转让。

3. 转让发明、实用新型或外观设计专利取得权的合同,应当以书面形式签订。未遵守书面形式,将导致合同无效。

4. 如果转让发明、实用新型或外观设计专利取得权的合同双方当事人未有不同约定,发明、实用新型或外观设计不具有可专利性的风险由权利取得人承担。

第 1358 条　发明、实用新型或外观设计的专有权

(2014 年 3 月 12 日第 35 – Φ3 号联邦法修改)

1. 依照本法典第 1229 条的规定,以任何不与法律相抵触的方式,包括以本条第 2 款规定的方式,使用发明、实用新型或外观设计的专有权属于专利权人(发明、实用新型或外观设计的专有权)。专利权人可以处分发明、实用新型或外观设计的专有权。

2. 发明、实用新型或外观设计的使用包括:

(1)向俄罗斯联邦境内进口、制造、使用、许诺销售、销售、以其他方式投入民事流通的行为,或者出于以上目的保管使用了发明、实用新型的产品或者使用了外观设计的制品;

(2)对直接通过方法专利获得的产品,实施本款第 1 项规定的行为，如果以方法专利获得的产品具有新颖性，则相同产品视为通过使用方法专利获得的产品，有相反证明的除外；

(3)在发挥装置的功能(使用)时按照其用途自动地实现方法专利实施本款第1项规定的行为；

(4)按照特定目的被保护的发明为了产品运用的情况下，根据发明的权利要求指出的用途运用于预先指定的产品，实施了本款第1项规定的行为；

(5)以方法的实现使用发明，包括通过使用该方法。

3.如果产品含有发明专利权利要求书中独立权利要求列举的每一发明特征，而在方法中采用了发明专利权利要求书中独立权利要求列举的每一发明特征，或者与之等同的特征，对该产品或方法在发明优先权日之前已经在该技术领域被知晓，则发明被认为已经得到利用。

如果产品含有实用新型专利权利要求书中独立权利要求的每一项实用新型权利特征，则认为实用新型在产品中得以利用。

在确定利用发明或实用新型的情况下，发明或实用新型权利要求的解释，根据本法典第1354条第2款的规定进行。

如果产品包含了外观设计的所有实质特征，或者对于熟悉情况的消费者来说，在整体特征上产生与已获得专利的外观设计相同的总体印象，在产品具有相似用途的情况下，则认为外观设计在产品中得以利用。

4.如果在发明或实用新型利用时，还利用了包含在另一个发明的专利权利要求书中的独立权利要求里的每一个特征，或者与之等同的特征，且在另一发明的优先权日之前已在该技术领域里为公众知晓；或者还利用了在另一个实用新型的专利权利要求书中独立权利要求里的每一项特征；在利用外观设计时，包含了另一外观设计的所有实质特征，或者对于熟悉情况的消费者来说，另一外观设计的整体特征与外观设计产生相同的总体印象，在产品具有相似用途的情况下，则另一个发明、另一个实用新型或另一个外观设计也被认为得以利用。

5. 如果一项发明、一项实用新型或一项外观设计的专利权人是两个以上的专利权人，则对他们之间的关系适用本法典第 1348 条第 2 款和第 3 款的规定，而不论专利权人中是否有哪一位是该智力活动成果的创作者。

第 1358.1 条　附属发明、实用新型和外观设计

（2014 年 3 月 12 日第 35 – Φ3 号联邦法新增）

1. 如果没有被保护专利和具有更早优先权的另一个发明、另一个实用新型或另一个外观设计的利用，本发明、实用新型或外观设计在产品或方法中的使用是不可能的，则该发明、实用新型或外观设计是附属发明、附属实用新型和附属外观设计。

按照特定产品用途予以利用保护的发明，在产品中使用了被保护的专利和具有更早优先权的另一发明，该发明是附属发明。

如果发明或实用新型的权利要求书与具有更早优先权的另一个已取得专利的发明或另一个已取得专利的实用新型的权利要求，只是产品或方法的用途有区别，那么该产品或方法的发明或实用新型也是附属的。

2. 如果没有另一个发明、另一个实用新型或另一个外观设计专利权人的许可，发明、实用新型或外观设计就不能实施，那么它们彼此是附属关系。

第1359条　不属于侵犯发明、实用新型或外观设计专有权的行为

下列行为不属于侵犯发明、实用新型或外观设计专有权的行为：

(1)使用了发明或实用新型的产品和使用了外观设计的制品作为交通工具或航天技术设备的装置、辅助设备而利用，该利用只为交通工具(水上、航空、汽车和铁路运输)或航天技术设备的需要。如果外国的交通工具或航天技术装备临时或偶然位于俄罗斯联邦境内，且外国也对在俄罗斯注册的交通工具或航天技术设备提供相同的权利，则上述行为对该外国的交通工具或航天技术设备不视为侵犯专有权。

(2)对使用了发明、实用新型的产品或方法进行科学研究，或对使用了外观设计的制品进行科学研究，或者对这些产品、方法或制品进行试验。

(3)在紧急状态下(自然灾害、灾难、事故)利用发明、实用新型或外观设计，在最短期限内将利用情况通知专利权人并随后给付相应的补偿。

(4)为满足个人、家庭、居家或其他与经营活动无关的需要而利用发明、实用新型或外观设计，且利用不以获得利润或收益为目的。

(5)药房根据医生处方一次性利用发明制作药品。

(6)将利用发明、实用新型或外观设计的产品进口到俄罗斯联邦、使用、许诺销售、销售、以其他方式进入民事流通，或为以上目的保管这些产品，如果该产品或制品之前曾由专利权人或经专利权人许可由其他人在俄罗斯联邦境内投入民事流通。或者虽然未经专利权人许可,但是在民事领域流通在本法典规定的情况下,实施具有合法性。

(2014 年 3 月 12 日第 35 – Φ3 号联邦法修改)

第 1360 条　为国防安全利益而使用发明、实用新型或外观设计

俄罗斯联邦政府有权为了国防和安全利益,允许不经专利权人同意而使用发明、实用新型或外观设计,但应在最短期限内通知专利权人并给付相应的补偿。

第 1361 条　发明、实用新型或外观设计的先用权

1. 在发明、实用新型或外观设计优先权日(第 1381 条和第 1382 条)之前在俄罗斯联邦境内善意使用了自己创造的独立于发明人的相同方案,或该方案与发明的区别仅是等同特征(第 1358 条第 3 款),或对利用做了必要的准备的人,保留在不扩大使用范围的情况下继续无偿使用相同方案的权利(先用权)。

(2014 年 3 月 12 日第 35 – Φ3 号联邦法修改)

2. 只有与使用相同方案或对使用做了必要准备的企业一起转让,才能将先用权转让给他人。

第 1362 条　发明、实用新型或外观设计的强制许可

1. 如果发明或外观设计在专利授予之日起的 4 年内,而实用新型在专利授予之日起的 3 年内没有被专利权人利用或足够利用,从而导致不能向市场提供足够的相关商品、工作或服务,希望利用或准备利用发明、实用新型或外观设计的任何人,在专利权人拒绝按惯例形成的条件同该人签订许可合同的情况下,均有权向法院提起诉讼要求专利权人提供在俄罗斯联邦境内利用发明、实用新型或外观设计的普通(非排他)强制许可。在诉讼请求中,该人应当指出向他提供许可的条件,包括发明、实用新型或外观设计的利用范围、金额、支付的程序和期限。

如果专利权人不能证明有正当理由导致发明、实用新型或外观设计没有被利用或没有足够利用,法院将作出本款第1项所指的提供许可以及提供的条件的判决。在法院判决中应当确定该许可支付的总额,不得低于可比情况下确定的许可价格。

如果提供该使用许可的情形已经不存在而且其再度产生的可能性很小,则普通(非排他)强制许可的效力可以依照司法程序按照权利人的起诉而终止。在这种情况下,由法院确定普通(非排他)强制许可以及由该许可而产生的权利的终止期限和程序。

依照本款的规定,提供对属于半导体技术的发明的普通(非排他)强制许可使用,只有在专为国家、社会和其他公共利益的非商业性使用,或者为改变依照规定程序确认的违反俄罗斯联邦反垄断立法的规定时才许可。

(2010年10月4日第259-Φ3号联邦法新增)

2. 如果专利权人不能利用他享有专有权的发明,同时也不侵犯发明或实用新型另一专利(第一专利)权利人的权利,第一专利权利人拒绝按惯例形成的条件签订许可合同时,专利权人(第二专利)有权向法院起诉第一专利权利人要求提供在俄罗斯联邦境内使用第一专利权人的发明或实用新型的普通(非排他)强制许可。在诉讼请求中应当指出所预定的向第一个专利权人提供该使用许可的条件,包括发明或者实用新型使用的范围、报酬的数额、支付方式和期限。如果该拥有对附属发明专有权的专利权人证明,该技术成就具有重要性而且比第一个专利权人的发明或者实用新型更具有实质性经济优势,则法院应作出向他提供普通(非排他)强制许可的判决。依照该使用许可取得受保护的第一专利发明的使用权不得转让给他人,第二个专利转让的情形除外。

为普通(非排他)强制许可而支付的报酬总额,应当在法院判决中确定,不得低于可比情形下所确定的许可的价格。

依照本款的规定,提供普通(非排他)强制许可的情况下,其使用权已经被依照上述使用许可提供的发明或者实用新型的专利权人,有权取得根据惯例被颁发了普通(非排他)强制许可的附属发明的普通(非排他)许可的权利。

3. 根据本条第1款和第2款规定的法院判决,对依普通(非排他)强制许可条件提供和终止发明、实用新型或外观设计的使用权,应在联邦知识产权行政机关进行国家注册。

(2014年3月12日第35-Ф3号联邦法修改)

第1363条　发明、实用新型和外观设计专有权的有效期

(2014年3月12日第35-Ф3号联邦法修改)

1. 发明、实用新型和外观设计专有权和证明此项权利的专利证书的有效期,在遵守本法典规定的条件下,自向联邦知识产权行政机关提出专利申请之日起计算,或在提出分申请的情况下(第1381条第4款),自第一个申请提出之日起计算。有效期分别为:

发明——20年;

实用新型——10年;

外观设计——5年。

专利证书所证明的专有权,只有在发明、实用新型或外观设计进行国家注册并颁发专利证书之后才能予以保护(第1393条)。

2. 需要按法定程序取得许可证方能应用的药品、杀虫剂或农用化学制剂的发明,如果自提出专利申请之日至首次取得应用许可已经过去5年,则相应发明专有权和证明此项权利的专利证书的有效期可以根据专利权人的申请由联邦知识产权行政机关予以延长。上述有效期延长的时间为自提出专利申请书之日至首次取得应用许可之日的时间,减去5年,但不得超过5年。

权利人提出延长专利证书有效期的申请,应在专利证书有效期内,且在首次取得应用许可之日或颁发专利证书之日起的6个月期限届满之前,以其中日期在后的为准。

如果没有此材料就不可能审查申请,可以向专利权人要求补充材料,补充的材料应在该要求函寄出之日起3个月内提交。如果专利权人在这个期限内未提交所要求的材料或没有提出延长期限的请求,则申请不符合要求。提供补充材料规定的期限可以由联邦知识产权行政机关延长,但不能超过10个月。

依据本款第1项的规定,专有权有效期延长的情况下,颁发附有权利要求书的增补专利证书,权利要求书包含有获得许可使用于产品上所描述的已获专利发明的全部权利特征。

3. 外观设计专有权有效期限和证明该权利的专利证书依据权利人的申请可以多次延长,每次5年,但总共不能超过25年。自向联邦知识产权行政机关提出专利申请之日起计算,或在提出分申请(第1381条第4款)的情况下,自第一个申请提出之日起计算。

4. 增补发明专利证书颁发的程序和效力及发明或外观设计专利有效期延长的程序,由在知识产权领域从事规范性法律调整的联邦行政机关规定。

5. 发明、实用新型或外观设计专利权和证明该权利的专利证书的效力,包括增补专利证书的效力,可以依照本法典第1398条和第 1399 条规定的依据和程序被确认为无效或者提前终止。

第 1364 条　发明、实用新型或外观设计成为公共财富

1. 发明、实用新型或外观设计专有权效力终止后成为公共财富。

(2014 年 3 月 12 日第 35 – Ф3 号联邦法修改)

2. 已经成为公共财富的发明、实用新型或外观设计，可以由任何人无须他人的同意或者许可，也无须为使用支付报酬而自由使用。

第三节　发明、实用新型或外观设计专有权的处分

第 1365 条　发明、实用新型或外观设计专有权转让合同

(2014 年 3 月 12 日第 35 – Ф3 号联邦法修改)

1. 根据发明、实用新型或外观设计专有权转让合同(专利转让合同)，一方(专利权人)向另一方(专利取得人)全部转让或承担义务全部转让属于他的相应智力成果专有权。

2. 如果外观设计专有权的转让可能成为导致消费者对相关商品或商品的制造者误认的理由，则该外观设计专有权不允许转让。

第 1366 条　签订发明专利转让合同的公开要约

1. 在授予专利的决定通过之前，或在驳回授予专利的决定通过之前，或在确认撤回申请的决定通过之前，作为发明唯一发明人的申请人可以提交申请书，在授予专利的情况下，他有义务同任何一个最初表明该承诺且将此承诺通知了专利权人和联邦知识产权行政机关的俄罗斯公民或俄罗斯法人，按照惯例形成的相应条款

签订专利转让合同。在存在上述声明的情况下，对授予发明专利申请和对依该申请授予专利，均不向申请人收取本法典规定的专利费。在提交申请书之前支付的费用不予返还。

（2014年3月12日第35－Φ3号联邦法修改）

联邦知识产权行政机关在官方公报上公布上述申请的相关信息。

2. 根据本条第1款中专利权人的申请书同专利权人签订了发明专利转让合同的人，必须交纳专利权人被免交的全部专利费。以后的专利费按规定程序交纳。

根据关于转让专利的协议将专有权转让给收购方的国家注册在联邦知识产权行政机关进行，但须支付申请人（专利所有人）免除的所有专利费。

依据专利转让合同，由取得人向联邦知识产权行政机关实施专有权移转的国家注册，并交纳申请人（专利权人）被免除的全部专利费。

（2014年3月12日第35－Φ3号联邦法修改）

3. 如果在授予发明专利的信息公布之日起的2年内，专利权人作出了本条第1款所指的申请，而联邦知识产权行政机关没有收到希望签订专利转让合同的书面通知，则专利权人可以向上述联邦机关提出撤回申请的请求。在这种情况下，申请人（专利权人）被免交的本法典规定的专利费应该交纳。以后的专利费按规定程序交纳。

联邦知识产权行政机关应在官方公报中公布撤回本条第1款所指申请的信息。

第1367条　授予发明、实用新型或外观设计使用权的许可合同

根据许可合同,一方(许可人)向另一方(被许可人)授予或承担义务授予合同规定范围内的专利证书所证明的发明、实用新型或外观设计的使用权。

第1368条　发明、实用新型或外观设计的开放许可

1. 专利权人可以向联邦知识产权行政机关提出申请,向任何人授予发明、实用新型或外观设计的使用权(开放许可)。

在这种情况下,发明、实用新型或外观设计专利的专利维持规费自联邦知识产权行政机关公布开放许可信息的下一年开始减半。

专利权人应将向任何人授予发明、实用新型或外观设计使用权的许可条件报告给联邦知识产权行政机关,该机关应公布关于开放许可的相关信息,费用由专利权人负担。专利权人必须同表示愿意使用发明、实用新型或外观设计的人按照普通(非排他)许可条件签订许可合同。

2. 如果专利权人在公布开放许可之日起2年内没有收到按照申请书的条件签订许可合同的书面要约,则在2年期满后可以向联邦知识产权行政机关提出撤回开放许可的申请。在这种情况下,专利权人应补齐公布开放许可之日起的专利维持规费,以后应全额交纳。上述联邦机关应在官方公报公布关于撤回开放许可的信息。

第1369条　发明、实用新型或外观设计专有权处分合同的形式和发明、实用新型或外观设计专有权移转、专有权质押以及授予使用权的国家注册

（2014年3月12日第35－Φ3号联邦法修改）

1. 专利转让合同、许可合同、其他合同，借助这些合同实施发明、实用新型或外观设计专有权的处分，应以书面形式签订。未遵守书面形式的，合同无效。

2. 发明、实用新型或外观设计专有权的转让和质押，依合同授予使用权，应该依照本法典第1232条规定的程序予以国家注册。

第四节　因履行职务或完成合同工作而创造的发明、实用新型和外观设计

第1370条　职务发明、职务实用新型、职务外观设计

1. 职工因履行自己的劳动职责或完成雇主布置的具体任务而创造的发明、实用新型或外观设计，分别是职务发明、职务实用新型或职务外观设计。

2. 职务发明、职务实用新型或职务外观设计的身份权属于职工（创造者）。

3. 职务发明、职务实用新型或职务外观设计的专有权和专利取得权属于雇主，但职工与雇主之间的劳动合同或民事合同有不同规定的除外。

（2014年3月12日第35－Φ3号联邦法修改）

4. 如果雇主与职工之间的合同没有不同约定（本条第3款），则职工应把因履行劳动职责或完成雇主布置的具体工作任务而创

造的可能得到法律保护的成果的事项书面通知雇主。

如果雇主在收到职工通知之日起的4个月内，没有对相关职务发明、职务实用新型或职务外观设计向联邦知识产权行政机关提出专利申请，也未向他人转让取得职务发明、职务实用新型或职务外观设计专利的权利，也未通知职工对有关智力活动成果的信息保密，则取得发明、实用新型或外观设计专利的权利属于职工。在这种情况下，在专利的有效期内，雇主享有在自己的生产中按普通（非排他）许可条件使用职务发明、职务实用新型或职务外观设计的权利，同时向专利权人给付报酬。报酬的数额、给付的条件和程序由职工与雇主之间的合同规定，如有争议，则由法院裁定。

（2014年3月12日第35－Φ3号联邦法修改）

如果雇主取得职务发明、职务实用新型或职务外观设计的专利，或者对有关发明、实用新型或外观设计的信息采取保密措施，并将此通知职工，或者将取得专利的权利转让给其他人，或者提出专利申请但由于意志以外的原因没有取得专利，则职工有权取得报酬。雇主支付报酬的数额、给付的条件和程序由职工与雇主之间的合同规定，如有争议，则由法院裁决。

——（本段失效）

（2013年7月23日第222－Φ3号联邦法修改）

职务发明、职务实用新型或职务外观设计的获得报酬权不能转让，但可以在专有权有效期的剩余部分由创作者的继承人继承。

（2014年3月12日第35－Φ3号联邦法修改）

5. 职工使用雇主的资金、设备或其他物质手段创造的，但与劳动职责或雇主布置的具体任务无关的发明、实用新型或外观设计，不是职务发明、职务实用新型或职务外观设计。取得专利的权利和该发明、实用新型或外观设计专利的专有权属于职工。在这种情况下,雇主有权根据自己的选择要求在专有权整个有效期内向他无偿提供使用智力活动成果的普通(非排他)许可用于其需要,或者要求赔偿因创造该发明、实用新型或外观设计而花费的开支。

第1371条 履行合同工作而创造的发明、实用新型或外观设计

1. 在履行承揽合同或科学研究、试验设计或技术工作合同时创造的发明、实用新型或外观设计,而合同未直接规定创造该发明、实用新型或外观设计,专利取得权和专有权属于承揽人(执行人),但承揽人与定作人之间的合同有不同规定的除外。

(2014年3月12日第35-Φ3号联邦法修改)

在这种情况下,如果合同没有不同规定,定作人有权在整个专利有效期内按照普通(非排他)许可的条件将发明、实用新型或外观设计用于签订相关合同的目的,而不再给付额外的报酬。在承揽人(执行人)将取得专利的权利移转给他人或将本专利转让他人时,定作人保留发明、实用新型或外观设计按照上述条件的使用权。

2. 如果依照承揽人(执行人)与定作人的合同,发明、实用新型或外观设计的专利取得权或专有权属于定作人或他们指定的第三人,则承揽人(执行人)有权在整个专利有效期内将创造的发明、实用新型或外观设计按照无偿普通(非排他)许可用于自己的需要,但合同有不同规定的除外。

3. 本条第1款所列发明、实用新型或外观设计的创造者,如果不是专利权人,则有权依照本法典第1370条第4款的规定取得报酬。

第1372条　依照定作而创作的外观设计

1. 如果合同标的为创作外观设计,则根据合同创作的外观设计的专利取得权和专有权属于定作人,但承揽人(执行人)与定作人之间的合同有不同规定的除外。

(2014年3月12日第35-Φ3号联邦法修改)

2. 依照本条第1款的规定,外观设计的专利取得权和专有权属于定作人时,如果合同没有不同规定,则承揽人(执行人)有权在专利整个有效期内按照无偿普通(非排他)许可的条件为自己的需要而使用外观设计。

3. 如果依照承揽人(执行人)与定作人之间的合同,外观设计专利取得权和专有权属于承揽人(执行人),则定作人有权在专利整个有效期内按照无偿普通(非排他)许可的条件为了签订相应合同的目的而使用外观设计专利。

(2014年3月12日第35-Φ3号联邦法修改)

4. 根据定作而创作的外观设计的创作者,如果不是专利权人,则有权依据本法典第1370条第4款的规定取得报酬。

第1373条　依国家或自治地方合同完成工作时创造的发明、实用新型或外观设计

1. 对于在依国家或自治地方合同完成工作时为了国家或自治地方的需要而创造的发明、实用新型或外观设计,专利取得权和专有权属于履行国家或自治地方合同的组织(执行人),国家或自治地方合同规定此项权利属于作为国家或者自治地方定作人的俄罗斯联邦、俄罗斯联邦主体或地方自治组织,或者属于执行人与俄罗斯联邦、俄罗斯联邦主体或地方自治组织共有的除外。

2. 如果根据国家或自治地方合同,发明、实用新型或外观设计的专利取得权和专有权属于俄罗斯联邦、俄罗斯联邦主体或地方自治组织，则国家或自治地方定作人可以在执行人书面通知取得能够受到法律保护的发明、实用新型或外观设计等智力活动成果之日起的6个月内提出专利申请。如果在上述期限内国家或自治地方定作人不提出申请，则专利取得权属于执行人。

3. 如果根据国家或自治地方合同，发明、实用新型或外观设计的专利取得权和专有权属于俄罗斯联邦、俄罗斯联邦主体或地方自治组织，则执行人必须通过同自己的工作人员和第三人签订相应的协议而取得所有的权利或保证取得所有的权利，以便将权利移转给俄罗斯联邦、俄罗斯联邦主体或地方自治组织。在这种情况下，执行人有权要求赔偿因从第三人那里取得相关权利而发生的开支。

4. 如果在依国家或自治地方合同完成工作时为了国家或自治地方需要创造的发明、实用新型或外观设计的专利权依照本条第1款不属于俄罗斯联邦、俄罗斯联邦主体或地方自治组织，则专利权人必须根据国家或自治地方定作人的请求为国家或自治地方的需要而向定作人指定的人提供发明、实用新型或外观设计使用权的无偿普通（非排他）许可。

5. 如果依国家或自治地方合同完成工作时为了国家或自治地方的需要而创造的发明、实用新型或外观设计的专利权以执行人和俄罗斯联邦、执行人与俄罗斯联邦主体或执行人与自治地方的名义共同取得，则国家或自治地方定作人在通知执行人后，有权为了国家和自治地方的需要完成工作或者提供产品供应而提供对该发明、实用新型或外观设计的无偿普通（非排他）许可。

6. 如果依照本条第1款的规定，执行人以自己的名义取得发明、实用新型或外观设计的专利并决定提前终止专利的效力，则必须将此情况通知国家或自治地方定作人，并根据定作人的要求将专利无偿转让给俄罗斯联邦、俄罗斯联邦主体或地方自治组织。

如果依照本条第 1 款的规定，以俄罗斯联邦、俄罗斯联邦主体或地方自治组织的名义取得的专利的效力决定提前终止，则国家或自治地方定作人必须将此情况通知执行人，并根据执行人的请求无偿向他转让专利。

7. 本条第 1 款所列发明、实用新型或外观设计的创作者，不是权利人的，有权依照本法典第 1370 条第 4 款的规定获得报酬。

第五节　专利的取得

第 1 小节　专利授予的申请、变更与撤回

第 1374 条　发明、实用新型或外观设计专利申请的提出

1. 发明、实用新型或外观设计专利申请，应由依照本法典的规定享有专利取得权的人（申请人）向联邦知识产权行政机关提出。

2. 发明、实用新型或外观设计的专利申请书应该用俄语提交。申请的其他文件用俄语或其他语言提交。申请文件用其他语言提交的，申请书应附具文件的俄语译文。

3. 发明、实用新型或外观设计的专利申请由申请人签字，在专利申请通过专利代理人或其他代理人提交时，应由申请人或提交申请书的代理人签字。

4. 对发明、实用新型或外观设计专利申请文件的要求，由在知识产权领域从事规范性法律调整的联邦行政机关根据本法典规定。

5.——(自2014年10月1日起失效)

(2014年3月12日第35-Φ3号联邦法修改)

第1375条　发明的专利申请

1.发明专利申请(发明专利申请)应该针对一项发明或几项相互联系并构成统一发明构思的一组发明(发明统一性要求)。

2.发明申请应当包括以下文件:

(1)发明专利申请书,并指出发明的发明人和享有专利取得权的申请人,以及他们每个人的居住地或所在地;

(2014年3月12日第35-Φ3号联邦法修改)

(2)发明的说明书,说明书应解释清楚发明的全部实质内容,足以让所属技术领域的专业人员能够实施发明;

(2014年3月12日第35-Φ3号联邦法修改)

(3)发明的权利要求书,权利要求书应清楚表达发明的实质并完全以它的说明书为依据;

(2014年3月12日第35-Φ3号联邦法修改)

(4)为理解发明实质所必需的图纸或其他材料;

(5)摘要。

3.联邦知识产权行政机关收到包括发明专利申请书、发明的说明书和图纸(如果发明说明书中存在对图纸的援引)的申请文件之日视为提出专利申请之日。如果上述文件并非同时提交,则最后文件收到之日视为提出发明专利申请之日。

第1376条　实用新型的专利申请

1.授予实用新型专利申请(实用新型专利申请)应该针对一项实用新型(实用新型统一性要求)。

(2014年3月12日第35-Φ3号联邦法修改)

2. 实用新型申请应当包括以下文件：

(1)实用新型专利申请书，并指明实用新型的发明人和享有专利取得权的申请人，以及他们每个人的居住地或所在地；

(2014 年 3 月 12 日第 35 – Ф3 号联邦法修改)

(2)实用新型的说明书，说明书应解释清楚实用新型的全部实质内容，足以让所属技术领域的专业人员能够实施实用新型；

(2014 年 3 月 12 日第 35 – Ф3 号联邦法修改)

(3)实用新型的权利要求书，权利要求书应针对一个技术方案，应清楚表达实用新型的实质并完全以它的说明书为依据；

(2014 年 3 月 12 日第 35 – Ф3 号联邦法修改)

(4)为理解实用新型实质所必需的图纸；

(5)摘要。

3. 联邦知识产权行政机关收到包括实用新型专利申请书、说明书和图纸(如果实用新型说明书中存在对图纸的援引)的申请文件之日视为提出专利申请之日。如果上述文件并非同时提交，则最后文件收到之日视为提出实用新型专利申请之日。

第 1377 条　外观设计的专利申请

1. 授予外观设计专利申请(外观设计专利申请)应该涉及一项外观设计或几项相互联系并构成统一创造性构思的一组外观设计(外观设计统一性要求)。

2. 外观设计申请应该包括以下文件：

(1)授予外观设计专利申请书，并指明外观设计的设计人和享有专利取得权的申请人，以及他们每个人的居住地或所在地；

(2014 年 3 月 12 日第 35 – Ф3 号联邦法修改)

(2)产品的全部图像，该图像应对外观设计的实质特征予以全面描绘，并能确定产品的外部美学特征；

（2014 年 3 月 12 日第 35 – Φ3 号联邦法修改）

（3）对于揭示外观设计的实质所必需的一般视图或成型图；

（2014 年 3 月 12 日第 35 – Φ3 号联邦法修改）

（4）外观设计说明书；

（5）——自 2014 年 10 月 1 日起失效。

（2014 年 3 月 12 日第 35 – Φ3 号联邦法修改）

3. 联邦知识产权行政机关收到包括外观设计专利申请书和产品的全部图像的申请文件之日视为提出专利申请之日。如果上述文件并非同时提交，则最后文件收到之日视为提出外观设计专利申请之日。

（2014 年 3 月 12 日第 35 – Φ3 号联邦法修改）

第 1378 条　发明、实用新型或外观设计专利申请文件的修改

（2014 年 3 月 12 日第 35 – Φ3 号联邦法修改）

1. 申请人有权在授予专利的决定或驳回授予专利的决定或确认撤回申请的决定通过之前，通过提交补充材料按照联邦知识产权行政机关的要求对发明、实用新型或外观设计的申请文件进行增补、澄清和修改，条件是增补、澄清、修改没有在实质方面改变发明、实用新型或外观设计。

在收到根据本法典第 1386 条第 2 ~ 4 款规定的程序进行的信息检索报告后，申请人有权一次性提交修改后的发明权利要求书，该权利要求书没有在实质方面改变发明的申请，并对说明书作出适当的修改。

2. 增补材料有下列情况之一，构成实质性改变发明或实用新型申请：

某个发明或实用新型不符合与相关发明或实用新型的统一性要求或者一组发明或实用新型没有通过审查。

应该在发明或实用新型的权利要求书中包含的特征并没有在依本法典第 1375 条第 2 款第 1 ~ 4 项或第 1376 条第 2 款第 1 ~ 4 项的规定并在申请日提交的申请文件里揭示。

发明或实用新型保障的技术结果显示，与包含在相关文件中的技术结果没有关系。

3. 增补材料如果它们包含的图像属于下列情况之一，在实质上改变了外观设计申请：

某个提交的外观设计，不符合与相关外观设计的统一性要求，或者在图像中揭示的一组外观设计没有通过审查。

提交的图像上缺乏在申请日提交的图像上的实质性特征，或者提交的产品图像删除了在申请日提交的图像所具有的外观设计的实质性特征。

4. 作者、申请人信息的修改。在专利取得权转让给其他人的情况下，或者由于作者姓名、申请人的姓名和名称发生变更，申请人能够主动修改作者、申请人信息；在发明、实用新型或外观设计注册前，申请人能够主动修改在申请文件中的显明的和技术性的错误。

5. 申请人对发明申请文件的修改，如果修改在提交申请之日起的 15 个月内提交给联邦知识产权行政机关，则在公布专利申请的信息时应该予以考虑。

第 1379 条　发明、实用新型或外观设计专利申请的改变

(2014 年 3 月 12 日第 35 – Φ3 号联邦法修改)

1. 在公布发明申请信息之前(第 1385 条第 1 款)，但不能迟于授予发明专利的决定通过之日，而在驳回授予发明专利的决定或者确认撤回申请的决定通过的情况下，在本法典对该决定提供异议的可能性用尽之前，申请人有权向联邦知识产权行政机关提出就相关的申请将其变更为实用新型或外观设计的申请，但如果申请人提交申请书附有本法典第1366条第1款规定的关于签订专利转让合同的公共要约的情况除外。

2. 在授予专利的决定通过之前，在驳回授予专利的决定或确认撤回申请的决定通过的情况下，在本法典对该决定提供异议的可能性用尽之前，允许申请人向联邦知识产权行政机关提交将实用新型的申请变更为发明或外观设计的申请，或者将外观设计的申请变更为发明或实用新型的申请。

3. 根据本条第1款或第2款的规定，改变发明申请、实用新型申请或外观设计申请的，在遵守本法典第1375条第3款、第1376条第3款、第1377条第3款、第1381条第3款或第1382条要求的情况下，允许保留优先权和变更的申请日。

第1380条　发明、实用新型或外观设计专利申请的撤回

发明、实用新型或外观设计的国家注册记入相应注册簿之前，申请人有权撤回其所提交的发明、实用新型或外观设计申请。

（2014年3月12日第35－ФЗ号联邦法修改）

第2小节　发明、实用新型和外观设计的优先权

第1381条　发明、实用新型或外观设计优先权的确定

1. 发明、实用新型或外观设计的优先权按照向联邦知识产权行政机关提出发明、实用新型或外观设计申请的日期确定。

2. 如果申请人收到联邦知识产权行政机关关于因补充材料改

变了所申请项目的实质而不能作出接受补充材料的通知之日起的3个月期限届满以后，申请人将补充材料作为独立申请提交，则申请发明、实用新型或外观设计的优先权可以按照收到补充材料的日期确定，条件是截至提交独立申请之日，包含补充材料的申请未被撤回或未视为被撤回。

3.发明、实用新型或外观设计的优先权可以按照同一申请人较早向联邦知识产权行政机关提出的揭示了该发明、实用新型和外观设计的申请的日期确定，条件是较早的申请未被撤回或未被视为撤回，并且在相应的注册簿中未进行就申请日请求优先权的发明、实用新型或外观设计的国家注册。发明专利要求优先权申请的，应在较早申请的申请日起12个月内提出，而实用新型或外观设计要求优先权申请的，应在较早申请的申请日起6个月内提出。

（2014年3月12日第35－Φ3号联邦法修改）

在提出要求优先权申请的情况下，以前的申请视为撤回。

（2014年3月12日第35－Φ3号联邦法修改）

优先权不得按照已经要求了更早优先权的申请日来确定。

（2014年3月12日第35－Φ3号联邦法修改）

4.在提交分立申请时，发明、实用新型或外观设计的优先权按照同一申请人向联邦知识产权行政机关提交的揭示了发明、实用新型或外观设计的原始申请的日期确定，而如果有权根据原始申请确定更早的优先权，则按照该优先权的日期确定，条件是截至分立申请提交之日，原始的发明、实用新型或外观设计专利申请未被撤回或未被视为撤回，而分立申请是在本法典规定的对驳回原始专利申请的决定提出异议的可能性全部用尽之前，或者在对原始申请已经作出授予专利决定的情况下，在发明、实用新型或外观设计注册日期之前提交的。

5. 发明、实用新型或外观设计的优先权可以根据以前提出的数个申请或对申请的补充材料，遵守本条第 2 款、第 3 款和第 4 款以及本法典第 1382 条规定的条件来确定。

第 1382 条　发明、实用新型或外观设计的公约优先权

1. 发明、实用新型或外观设计的优先权可以按照在《保护工业产权巴黎公约》的缔约国第一次提交发明、实用新型或外观设计专利申请的日期确定（公约优先权），条件是在上述日期后的 12 个月内向联邦知识产权行政机关提出发明或实用新型的专利申请，或者在上述日期后的 6 个月内提出外观设计申请。如果由于申请人意志以外的情况，公约优先权的申请不能在规定的期限内提交的，则该期限可以由联邦知识产权行政机关延长，但延长的时间不得超过 2 个月。

2. 对外观设计专利申请享有公约优先权的申请人，应在提出专利申请之日起的 2 个月内将此情况通知联邦知识产权行政机关，并在向上述联邦机关提出公约优先权申请之日起的 3 个月内向上述联邦机关提交经过认证的本条第 1 款所列之第一次申请书的副本。

（2014 年 3 月 12 日第 35 – Ф3 号联邦法修改）

如果第一次申请经认证的副本未在指定期限内提交，则在指定期限届满前，依照向联邦知识产权行政机关递交申请的申请人的请求，优先权仍可能由联邦知识产权行政机关承认。如果自第一次申请提交之日 8 个月内，申请人向提交第一次申请的专利局要求第一次申请的副本，并在申请人收到副本之日起 2 个月内向联邦知识产权行政机关提供，申请可能被批准。

（2014年3月12日第35－ФЗ号联邦法新增）

3. 对发明或实用新型专利申请享有公约优先权的申请人，应该在向《保护工业产权巴黎公约》的缔约国的专利局提交的第一次申请之日起的16个月内将此情况通知联邦知识产权行政机关，并向该机关提交经过认证的第一次申请书的副本。

（2014年3月12日第35－ФЗ号联邦法修改）

如果不在规定期限内提交经过认证的申请书的副本，但在该期限届满之前向联邦知识产权行政机关提出申请的，该联邦机关仍然可以根据申请人的请求确定其优先权，其条件是自第一次申请书提交之日起的14个月内，申请人向第一次提交申请的专利局索要第一次申请的副本，并在申请人取得该副本之日起的2个月内向联邦知识产权行政机关提交。

如果发明或实用新型优先权申请是否真实存在的审查与发明或实用新型的可专利性有关，那么联邦知识产权行政机关有权要求申请人提交第一次发明或实用新型专利申请书的俄文翻译文本。

（2014年3月12日第35－ФЗ号联邦法修改）

第1383条　发明、实用新型或外观设计优先权日重合的后果

1. 如果在审查过程中发现不同专利申请人提交了相同发明、实用新型或外观设计的专利申请，且这些申请具有相同的优先权日，则发明、实用新型或外观设计的专利只能授予这些申请人中的一个人，该人由申请人之间的协议确定。

自联邦知识产权行政机关发出相关通知之日起的12个月内，申请人应该向该联邦机关报告他们之间所达成的协议。

（2014年3月12日第35－ФЗ号联邦法修改）

专利依据共同作者之一的一份申请而授予，申请中所列所有作者，均被认为是该发明、实用新型或外观设计的合作作者。

如果具有相同优先权日期的相同发明和(或)实用新型或相同外观设计由同一申请人提交了多份专利申请，则专利依据申请人所选择的一份申请授予。申请人应按照本款第2项规定的期限和程序通知自己的选择。

(2014年3月12日第35－Φ3号联邦法修改)

如果在规定期限内，联邦知识产权行政机关没有收到申请人的上述通知或依照本法典第1386条第6款的规定延长期限的申请，则申请被视为撤回。

(2014年3月12日第35－Φ3号联邦法修改)

2.如果同一申请人要求授予专利的发明和与之相同的实用新型的优先权日期重合，而依据其中一份申请已经授予了专利，则只有在相同发明或相同实用新型专利权人向联邦知识产权行政机关申请终止该专利的效力时才能依据另一份申请授予专利。在这种情况下，先前授予的专利的效力依照本法典第1394条的规定自公布另一份专利申请的专利授权信息之日起终止。关于授予发明或实用新型专利的信息或关于终止先前授予的专利效力的信息应同时公布。

第3小节　专利申请的审查、发明的临时法律保护

第1384条　发明申请的形式审查

(2014年3月12日第35－Φ3号联邦法修改)

1.联邦知识产权行政机关对收到的发明申请应进行形式审查。在审查过程中查验是否具备本法典第1375条第2款规定的

文件以及这些文件是否符合规定要求。

2. 关于发明申请形式审查的肯定结果和提交申请的日期，联邦知识产权行政机关应在结束形式审查之后立即通知申请人。

3. 如果发明专利申请不符合对申请书文件的规定要求，联邦知识产权行政机关应向申请人发出函询并要求申请人自函询发出之日起的 3 个月内提交经过修改或补充的文件。如果申请人在规定期限内未提交函询涉及的文件或者未申请延长该期限，则申请视为撤回。该期限可由联邦行政机关延长，但延长时间不得超过 10 个月。

4. 如果在对发明申请进行形式审查时发现，发明申请的提出违反了发明统一性要求（第 1375 条第 1 款），联邦知识产权行政机关应建议申请人在相关通知书寄出之日起的 3 个月内报告应审查的发明申请的范围，并在必要时对申请文件进行修改，对该发明申请中提出的其他内容可以分开申请的方式提出。如果申请人在规定期限内没有报告应审查的发明申请的范围，也没在必要时提交相应的文件，则应审查发明权利要求书中指出的第一项发明。

5. 如果在对发明申请进行形式审查时发现，申请人提交的补充材料在实质上修改了申请，则适用本法典第 1386 条第 6 款第 3 项的规定。

第 1385 条　发明申请信息的公布

1. 联邦知识产权行政机关自发明申请的申请日起 18 个月内，在进行了发明申请的形式审查并得出肯定结果后，应在官方公报上公布发明申请的信息。公布信息的范围，应由在知识产权领域从事规范性法律调整的联邦行政机关规定。

（2014 年 3 月 12 日第 35 – Ф3 号联邦法修改）

发明人有权拒绝在公布的发明申请的信息中作为发明人被提及。

如果申请人在发明申请提交之日起的12个月内提出请求,则联邦知识产权行政机关可依据申请人的该请求在发明申请提出之日起的18个月内公布申请信息。

(2014年3月12日第35-Ф3号联邦法修改)

如果自发明申请提出之日起的15个月内,申请撤回或被视为撤回,或者已经根据该申请进行了发明注册,则信息不予公布。

(2014年3月12日第35-Ф3号联邦法修改)

2. 在发明申请的信息公布后,如果在信息公布当日申请未撤回或未被视为撤回,则任何人均有权了解申请书的文件。了解申请书文件的程序和发给这些文件复印件的办法,由在知识产权领域从事规范性法律调整的联邦行政机关规定。

3. 发明申请信息公布时,在公布当日发明申请撤回或者被视为撤回,则该信息对于同一申请人自公布发明申请信息之日起的12个月内又向联邦知识产权行政机关提交的发明专利申请,不构成现有技术。

第1386条　发明申请的实质审查

(2014年3月12日第35-Ф3号联邦法修改)

1. 申请人或第三人可以在提交发明申请时或者自提交该申请之日起的3年内向联邦知识产权行政机关提出请求,而在对发明申请完成了形式审查并得出肯定结果的条件下,依据该请求可以对发明申请进行实质审查。有关收到第三人的请求,由指定的联邦行政机关通知申请人。

提出进行发明实质审查的请求的期限可以由联邦知识产权行

政机关根据在该期限届满前申请人提出的申请予以延长，但延长的时间不得超过2个月。

如果未在规定期限内提出发明申请实质审查的请求，则发明申请视为撤回。

2. 发明申请的实质审查包括：

检索以确定现有技术，根据现有技术对本发明的可专利性进行审查；

审查申请的发明是否符合本法典第1349条第4款规定的要求和本法典第1350条第1款第1项、第5款和第6款规定的可专利性条件；

为了相关技术领域的专业人员实施发明，审查本法典第1375条第2款第1～4项规定的和在提交日期提交的申请文件中揭示申请发明实质的充分性；

审查申请的发明是否符合本法典第1350条第1款第2项规定的可专利性条件。

联邦知识产权行政机关应当向申请人发送信息检索报告。

对本法典第1349条第4款和第1350条第5款、第6款所指客体不进行信息检索，联邦知识产权行政机关应将此情况通知申请人。

进行信息检索和提交检索报告的程序，由在知识产权领域进行规范性法律调整的联邦行政机关规定。

3. 如果关于对发明申请进行实质审查的请求是在提交申请时提出的，且在申请中没有要求比申请日更早的优先权，联邦知识产权行政机关在发明申请实质审查开始之日起7个月届满前向申请人寄送信息检索报告。

如果发现必须向其他机构查询上述联邦行政机关的信息库中缺少的信息来源，或者申请发明的表述无法按规定的方法进行信息检索，则联邦知识产权行政机关可以延长向申请人寄送信息检索报告的期限。关于延长向申请人寄送信息检索报告的期限和延长的原因，由上述联邦行政机关通知申请人。

4. 申请人和第三人有权要求对已经通过形式审查并获得肯定结果的发明申请进行信息检索，以便确定将实行发明申请可专利性审查的现有技术。进行这种信息检索以及提交检索结果信息材料的程序和条件，由在知识产权领域从事规范性法律调整的联邦行政机关规定。

5. 按照依本法典第 1385 条规定的程序公布的发明申请，联邦知识产权行政机关依本条第 2 款和第 4 款规定的程序公布信息检索报告。

相关发明申请的信息公布之后，任何人都有权就申请的发明是否符合本法典第 1350 条规定的可专利性条件提出自己的意见。该人不参加审查程序，依据本法典第 1387 条规定的程序在申请决定通过的情况下会考虑其所提意见。

通知申请人关于进行信息检索的结果和公布该检索报告的程序和期限，由在知识产权领域从事规范性法律调整的联邦行政机关规定。

6. 在发明专利申请实质审查的过程中，联邦知识产权行政机关可以向申请人要求补充材料（包括修改后的发明权利要求书），如果没有这些材料，则不能进行审查或通过授予发明专利的决定。如果联邦行政机关的要求函寄送之日起 2 个月内申请人要求副本，则没有实质性修改申请的补充材料应在要求函或与申请相左的副本材料寄送之日起3个月内提供。申请人未在规定期限内提交要求的材料或未提交延期申请的，视为撤回申请。申请人提交所要求材料的规定期限可由上述联邦行政机关延长，但不得超过10个月。

如果在实质审查申请时认定违反了发明统一性的要求，则适用本法典第1384条第4款的规定。

如果申请人提交了补充材料，则审查是否实质性改变了申请（第1378条）。补充材料实质性改变了申请的部分，在审查发明申请时不予考虑。这些材料可以由申请人作为独立的申请提交，联邦知识产权行政机关应将此通知申请人。

第1387条　授予发明专利、驳回发明申请或承认申请被撤销的决定

（2014年3月12日第35－Ф3号联邦法修改）

1. 如果通过对发明申请的实质审查确认，申请人提出的用权利要求表述的申请的发明与本法典第1349条第4款指出的客体不相关，且符合本法典第1350条规定的可专利性条件，本法典第1375条第2款第1～4项规定的申请文件已在申请日提交，申请文件中对所申请发明的实质为了实施发明得以足够充分的揭示，则联邦知识产权行政机关应作出颁发具有权利要求的专利证书的决定。该决定应指明发明的申请日和发明的优先权日。

如果在发明申请实质审查过程中确定，申请人所提出的权利要求所表述的申请发明，不符合本款第1项所指出的要求之一或可专利性条件，或本款第1项指出的申请文件不符合本项规定的要求，联邦知识产权行政机关应作出拒绝授予专利的决定。

在作出拒绝授予专利权的决定之前，联邦知识产权行政机关应向申请人寄送申请发明可专利性审查结果的通知,并建议申请人对通知中的理由提交自己的意见。申请人的回复中包含通知中所述理由的原因,可以在通知寄送给他之日起6个月内提交。

2. 基于联邦知识产权行政机关的决定,发明申请视为根据本章的规定撤回。

3. 联邦知识产权行政机关于授予发明专利、拒绝授予发明专利,或视为发明申请被撤回的决定,申请人可以通过向指定的联邦行政机关在他们向申请人寄送相关决定之日起7个月内提出异议,或者向指定的联邦行政机关索要与申请相左的并在拒绝授予专利决定中被指明的材料副本。如果申请人在就发明申请作出的决定寄出之日起3个月内要求这些材料的副本,则申请人可在他们向申请人寄送相关材料副本之日起7个月内提出异议。

第1388条　申请人了解专利材料的权利

申请人有权了解函询、报告、决定、通知或他从联邦知识产权行政机关收到的其他材料中援引的涉及发明专利申请的材料。如果有关此类申请的信息尚未公布,则任何人无权了解申请文件(包括是本法典第1383条第1款第2项规定的通知中指出的申请文件)。申请人向上述联邦机关要求的专利文件副本应在收到请求之日起1个月内寄送给申请人。

(2014年3月12日第35－Ф3号联邦法修改)

第1389条　错过的进行发明申请审查期限的恢复

1. 按联邦知识产权行政机关要求提供文件或补充材料的基础或延长的期限(第1384条第4款和第1386条第6款),要求对发明申请进行实质申请的期限和向上述联邦行政机关提出异议的期限(第1387条第3款)被申请人错过,如果申请人说明期限未被遵守的正当理由,可以由上述联邦行政机关恢复。

根据本章规定的依据联邦知识产权行政机关作出的视为申请撤回的决定的撤销并恢复错过期限的决定,实现本法典第1384条第4款、第1386条第1款和第6款规定的期限的恢复。

(2014年3月12日第35－Φ3号联邦法修改)

2.要求恢复错过的期限的请求可以由申请人在规定期限届满之日起的12个月内提出。在向联邦知识产权行政机关提交请求时,同时提交以下材料:

恢复期限必需的文件或补充材料,或者关于这些文件或材料延缓提交的申请;

或者要求发明申请进行实质审查的申请;

或者向联邦知识产权行政机关提出异议。

(2014年3月12日第35－Φ3号联邦法修改)

第1390条　实用新型申请的审查

(2014年3月12日第35－Φ3号联邦法修改)

1.联邦知识产权行政机关对收到的实用新型申请应进行形式审查。在形式审查过程中审查是否具备本法典第1376条第2款规定的文件,这些文件是否符合规定要求和遵守实用新型统一性原则(第1376条第1款),以及文件是否符合规定的要求。

如果形式审查的结果是肯定的,则对实用新型的申请进行实质审查,其中包括:

检索与申请的实用新型有关的信息,以确定现有技术,根据现有技术进行申请的实用新型的可专利性审查;

审查申请的实用新型是否符合本法典第1349条第4款规定的要求,以及本法典第1351条第1款第1项、第5款和第6款规定的可专利性条件；

为了本技术领域的专业人员实施实用新型专利，本法典第1376条第2款第1～4项规定的并在申请日提交的申请文件中，审查申请的实用新型的实质内容是否予以充分揭示；

审查申请的实用新型是否符合本法典第1351条第1款第2项规定的可专利性条件。

对本法典第1349条第4款和第1351条第5款和第6款所述相关客体不进行信息搜索，联邦知识产权行政机关应将此通知申请人。

2. 如果对实用新型申请进行实质审查的结果确定，由申请人提出的权利要求所表达的申请的实用新型，与本法典第1349条第4款所指出的客体不相关，且符合本法典第1351条规定的可专利性条件，依本法典第1376条第2款第1～4项规定并于申请日提交了申请文件，为了本技术领域的专业人员实施实用新型专利，在申请文件中申请的实用新型的实质内容得以充分完全揭示，则联邦知识产权行政机关通过颁发附有权利要求的实用新型专利证书的决定。在决定中指明实用新型的申请日和优先权日。

如果在实用新型申请实质审查的过程中确定，申请人提出的权利要求所表述的申请客体，不符合本款第1项规定的要求之一或可专利性条件，或者为了本技术领域专业人员实施实用新型，在本法典第1376条第2款第1～4项规定的并于申请日提交的申请文件中，实用新型的实质内容未能充分全面揭示，联邦知识产权行政机关应作出拒绝授予专利权的决定。

3. 在对实用新型申请进行形式审查和实质审查时，适用本法典第1384条第2～5款、第1386条第6款、第1387条第2款和第3

款、第1388条和第1389条的规定。

4. 如果联邦知识产权行政机关在审查实用新型申请时确定，申请书中所包含的信息构成国家秘密，则申请书文件应该依照国家秘密法规定的程序予以保密。在这种情况下，应通知申请人可以撤回实用新型的申请或者将其修改为秘密发明申请。在收到申请人的相关申请或申请解密之前，中止申请的审查。

第1391条　外观设计申请的审查

（2014年3月12日第35－Φ3号联邦法修改）

1. 联邦知识产权行政机关对收到的外观设计申请，应进行形式审查。在形式审查过程中，审查本法典第1377条第2款规定的文件是否具备，且它们是否符合规定的要求。

如果形式审查的结果是肯定的，则进行外观设计申请的实质审查，包括：

检索与申请的外观设计有关的信息，以确定公开获得的信息，根据这些信息将实施外观设计申请的可专利性审查；

审查申请的外观设计是否符合本法典第1231.1条、第1349条第4款规定的要求，以及本法典第1352条第1款第1项、第5款规定的可专利性条件；

审查申请的外观设计是否符合本法典第1352条第1款第2项规定的可专利性条件。

与本法典第1349条第4款第4项所指出的客体有关的信息不进行检索，联邦知识产权行政机关应将此通知申请人。

2. 如果外观设计申请实质审查结果确定，申请的外观设计是基于发明产品的外形提出的，与本法典第1231.1条或第1349条第4款规定的客体无关，且符合本法典第1352条规定的可专利性条件,联邦知识产权行政机关应作出颁发外观设计专利证书的决定,在决定中指明外观设计的申请日和优先权日。

如果在外观设计实质审查过程中确定,申请的客体不符合本款第1项规定的要求之一或可专利性条件,则联邦知识产权行政机关应作出拒绝授予专利权的决定。

3. 进行外观设计申请形式审查和实质审查,适用本法典第1384条第2~5款、第1386条第6款、第1387条第2款和第3款、第1388条和第1389条的规定。

第1392条　发明的临时法律保护

1. 对已经向联邦知识产权行政机关提出专利申请的发明,自公布申请信息之日起(第1385条第1款)至公布颁发专利证书(第1394条)期间,按照已经公布的发明的权利要求的范围提供临时法律保护,但不得超过上述联邦行政机关关于颁发发明专利证书的决定中权利要求的范围。

2. 如果发明申请被撤回或被视为撤回,或者对发明专利申请作出了拒绝授予专利权的决定以及本法典规定的对该决定提出异议的可能性完全消失,则临时法律保护视为没有发生。

3. 在本条第1款规定期间利用已经申请的发明的人,应该在专利权人获得专利后向专利权人给付报酬。报酬的数额由双方协商,有争议时,由法院裁决。

(2014年3月12日第35-ФЗ号联邦法修改)

第4小节　发明、实用新型、外观设计的注册与专利证书的颁发

第1393条　发明、实用新型、外观设计的国家注册程序与专利证书的颁发

1. 根据本法典第1387条第1款、第1390条第2款、第1391条第2款或第1248条规定的程序作出的颁发发明、实用新型或外观设计专利证书的决定的，联邦知识产权行政机关应将发明、实用新型或外观设计列入相应的国家注册簿——俄罗斯联邦发明国家注册簿、俄罗斯联邦实用新型国家注册簿和俄罗斯联邦外观设计国家注册簿，并颁发发明、实用新型或外观设计的专利证书。

如果以数人名义申请颁发专利证书的，仅向他们颁发一份专利证书。

（2014年3月12日第35－Φ3号联邦法修改）

2. 发明、实用新型或外观设计的国家注册和颁发专利证书的条件是交纳相应的专利规费。如果申请人未按规定的程序交纳专利规费，则不予进行发明、实用新型或外观设计的注册和颁发专利证书，而相应的申请视为依据联邦知识产权行政机关的决定被撤回。

如果以本法典第1248条规定的程序对发明、实用新型或外观设计授予专利的决定提出异议，则不得作出视为申请被撤回的决定。

（2014年3月12日第35－Φ3号联邦法修改）

3. 发明、实用新型、外观设计专利证书的形式和上述专利证书中信息的构成，由在知识产权领域进行规范性法律调整的联邦行

政机关规定。

4. 应专利权人的请求,联邦知识产权行政机关可以对颁发的发明、实用新型或外观设计专利证书和(或)相应的国家注册簿的权利人的信息和(或)作者的信息包括名称、权利人的姓名、住所或居住地、作者姓名、通迅地址进行修改,以及纠正明显的和技术性的错误。

(2014 年 3 月 12 日第 35 – Φ3 号联邦法修改)

5. 联邦知识产权行政机关应在官方公报上公布关于对国家注册簿记载项目的任何修改事项。

第 1394 条　授予发明、实用新型或外观设计专利信息的公布

1. 联邦知识产权行政机关在官方公报上公布授予发明、实用新型专利的信息,信息内容包括发明人的姓名(如果发明人不拒绝作为发明人被提及)、专利权人的姓名或名称、发明或实用新型的名称和权利要求。

联邦知识产权行政机关在官方公报上公布授予外观设计专利的信息,信息内容包括设计人姓名(如果设计人不拒绝作为设计人被提及)、权利人的姓名或名称、外观设计的名称和全面展示了外观设计的所有基本特征的产品图像。

公布信息的组成,由在知识产权领域进行规范性法律调整的联邦行政机关规定。

(2014 年 3 月 12 日第 35 – Φ3 号联邦法修改)

2. 在依照本条规定公布了授予发明、实用新型或外观设计专利的信息之后,任何人均有权了解专利申请文件和信息检索报告。

了解专利申请文件和信息检索报告的程序,由在知识产权领域进行规范性法律调整的联邦行政机关规定。

第 1395 条　向外国和国际组织申请发明和实用新型专利

1. 在俄罗斯联邦完成的发明或实用新型,可以在向联邦知识产权行政机关提交专利申请后的 6 个月期限届满后,如果在上述期限内申请人没有被告知专利申请书包含构成国家秘密的信息,向外国或国际组织申请专利。发明或实用新型专利申请可以早于上述期限提出,但必须在根据申请人的请求审查专利申请是否包含构成国家秘密的信息之后。进行该审查的程序,由俄罗斯联邦政府规定。

2. 依照《专利合作条约》或《欧亚专利公约》,允许在俄罗斯联邦创造的发明或实用新型申请专利。而不必事先向联邦知识产权行政机关提交相关专利申请,依照《专利合作条约》申请专利(国际申请),如果俄罗斯联邦知识产权行政机关作为受理局且俄罗斯联邦也被申请者指定为意欲获得专利的国家。依照《欧亚专利公约》申请专利(欧亚申请),则通过联邦知识产权行政机关提交。

作为向联邦知识产权行政机关提出的国际申请要求优先权的依据,相关申请不适用本法典第 1381 条第 3 款第 2 项的规定。

(2014 年 3 月 12 日第 35 – Ф3 号联邦法新增)

第 1396 条　具有本法典中申请效力的国际申请和欧亚申请

1. 在国际申请中要求的优先权之日起 31 个月届满后,联邦知识产权行政机关开始审理发明或实用新型的国际申请。该申请是根据《专利合作条约》提交的,且俄罗斯联邦被指定为申请人意欲获得发明或实用新型专利的国家,条件是向上述联邦行政机关提交了授予发明或实用新型专利的申请。按申请人的要求,国际申请可在这个期限届满前审理。

向联邦知识产权行政机关提交的授予发明或实用新型专利的

申请,可以用在国际申请中包含了以俄语或将该申请翻译成俄语的申请替换。

如果上述文件未在规定期限内提交,则国际申请的效力对俄罗斯联邦依据《专利合作条约》而终止。

申请人错过提交上述文件的期限,可以由联邦知识产权行政机关恢复,前提是申请人说明没有遵守期限的原因。

(2014 年 3 月 12 日第 35 – Φ3 号联邦法修改)

2. 根据《欧亚专利公约》具有本法典规定的发明申请效力的欧亚发明申请的审理,自联邦知识产权行政机关收到来自欧亚专利局经认证的欧亚专利申请副本之日起开始进行审理。

(2014 年 3 月 12 日第 35 – Φ3 号联邦法修改)

3. 世界知识产权组织国际局依据《专利合作条约》以俄语公布的国际申请或者欧亚专利局依照《欧亚专利公约》公布的欧亚申请取代本法典第 1385 条规定的专利申请信息的公布。

第 1397 条　相同发明的欧亚专利与俄罗斯联邦专利

1. 如果对相同发明或相同发明和实用新型授予了欧亚专利和俄罗斯联邦的专利,它们具有相同的优先权日,且又属于不同的专利权人,则这种发明或发明和实用新型只有在尊重所有专利权人权利的条件下才能使用。

2. 如果对相同发明或相同发明和实用新型授予了欧亚专利和俄罗斯联邦的专利,它们具有相同的优先权日,且又属于同一专利权人,则该人可以按照基于这些专利而签订的许可合同向任何人提供发明或发明和实用新型的使用权。

第六节　专利效力的终止和恢复

第1398条　认定发明、实用新型或外观设计专利无效

（2014年3月12日第35－Φ3号联邦法修改）

1. 有下列情形之一的，发明、实用新型或外观设计专利可以被认定全部或部分无效：

（1）发明、实用新型或外观设计不符合本法典规定的可专利性条件，或者本法典第1349条第4款规定的要求，或者外观设计不符合本法典第1231.1条规定的要求；

（2）不符合在申请日提交的发明或实用新型申请文件中，为了相关技术领域的专业人员实施发明或实用新型，发明或实用新型的实质得以充分揭示的要求；

（3）在颁发专利决定的内容里，发明或实用新型的权利要求中具有了申请日提交的文件里而在该日没有揭示的特征（第1378条第2款），或者在颁发外观设计专利决定的附件——包含外观设计实质特征的产品图像材料里具有了申请日提交的图像中所不具有的特征，或者在产品图像中申请日提交的图像（第1378条第3款）中所具有的外观设计的实质特征被删除；

（4）对具有相同优先权日的相同发明、实用新型或外观设计授予专利违反了本法典第1383条规定的条件；

（5）授予的专利所指出的作者或专利权人依照本法典不具有作者或专利权人资格，或者授予的专利没有指出依照本法典应具有作者或专利权人资格的作者或专利权人。

2. 在本法典第1363条第1～3款规定的发明、实用新型或外

观设计专利的有效期内,任何知悉本条第 1 款第 1 ~ 4 项规定的违法行为的人,可以向联邦知识产权行政机关提出异议从而质疑该专利。

在本法典第 1363 条第 1 ~ 3 款规定的发明、实用新型或外观设计专利的有效期内,任何知悉本条第 1 款第 5 项规定的违法行为的人,可以通过司法程序提出异议。

发明、实用新型或外观设计专利即使在其有效期届满后,利害关系人也可以根据本款第 1 项和第 2 项规定的依据和程序提出异议。

3. 在发明专利异议期间,如果发明专利的有效期未超过本法典第 1363 条第 1 款规定的实用新型专利的有效期,专利权人有权提出将发明专利转换为实用新型专利的申请。联邦知识产权行政机关可批准将发明专利转换为实用新型专利的申请,前提是发明专利完全无效,且符合本法典第 1349 条第 4 款、第 1351 条、第 1376 条第 2 款第 2 项对实用新型提出的要求和可专利性条件。如果授予的发明专利,依本法典第 1366 条第 1 款规定的程序申请中带有签订专利转让合同的要约申请,则不能进行转换。该申请不能根据本法典第 1366 条第 3 款的规定在转换专利申请之日被撤回。

在将发明专利转换为实用新型专利的情况下,保留申请的优先权和申请日。

4. 发明、实用新型或外观设计专利的全部或部分无效,依据联邦知识产权行政机关根据本法典第 1248 条第 2 款和第 3 款通过的决定或已生效的法院判决而确定。

如果发明、实用新型或外观设计专利被认定部分无效,则应授予新的专利。

如果满足了将发明专利转换为实用新型专利的申请，则授予实用新型专利。

5. 被确认为全部无效或部分无效的发明、实用新型或外观设计专利，自专利申请之日起无效。

6. 专利被确认为无效后，基于发明、实用新型或外观设计专利签订的许可合同，在专利无效决定通过前已履行的范围内保留其效力。

7. 确认发明、实用新型或外观设计专利无效，意味着撤销联邦知识产权行政机关授予发明、实用新型或外观设计专利的决定（第1387条）并删除在相应国家注册簿中的记载。（第1393条第1款）

第1399条　提前终止发明、实用新型或外观设计专利的效力

发明、实用新型或外观设计专利的效力在下列情况下提前终止：

专利权人向联邦知识产权行政机关提出申请的，自收到申请之日起终止。如果授予的专利针对一组发明、实用新型或外观设计，而专利权人提出的申请并不是针对该组发明、实用新型或外观设计中所有的专利权客体，则专利的效力仅对申请书中指明的发明、实用新型或外观设计终止。

不在规定期限交纳发明、实用新型或外观设计专利效力维持规费的，专利的效力在规定的专利效力维持规费的期限届满时终止。

（2014年3月12日第35－Φ3号联邦法修改）

第1400条　发明、实用新型或外观设计专利效力的恢复、后用权

1. 发明、实用新型或外观设计专利的效力由于未在规定的期限内交纳专利效力维持规费而终止的，可以根据专利权所有人或该权利的继受人的申请,由联邦知识产权行政机关予以恢复。要求恢复专利效力的申请可以向上述联邦行政机关在专利效力维持规费交纳期限届满之日起的3年内提出,但必须是在本法典规定的专利的有效期届满前。

(2014年3月12日第35-Ф3号联邦法修改)

2. 联邦知识产权行政机关应在官方公报中公布关于恢复发明、实用新型或外观设计专利效力的信息。

3. 在发明、实用新型或外观设计专利终止之日至联邦知识产权行政机关在官方公报中公布恢复专利有效性的信息之日,这期间,如果有人开始使用发明、实用新型或外观设计或者在上述期限内已为使用作了必要的准备工作,则保留在不扩大原有使用范围的情况下后续无偿使用的权利(后用权)。

4. 后用权可以转让给他人,但只能与使用了该发明或使用了虽与该发明相区别只是具有等同特征(第1358条第3款)的方案,使用了实用新型或外观设计,或者为使用作了必要的准备的企业一同转让。

第七节　秘密发明法律保护与使用的特殊性

第1401条　秘密发明专利的申请与审查

1. 提出授予秘密发明专利的申请(秘密发明申请)、该申请的审查和处理必须遵守国家秘密法。

2. 对已经设定了秘密等级为"机密"或"绝密"的秘密发明的申请,以及属于武器装备和军事技术、属于情报活动、反间谍活动和作战侦缉活动领域的方法和手段,如果确定为"机密"等级的,其专利申请应根据其主题属性而向俄罗斯联邦政府授权的联邦行政机关、国有原子能公司“俄罗斯原子能”、国家航天协会“俄罗斯航天”(被授权机关)提出,其他秘密发明的申请向联邦知识产权行政机关提出。

(2007年12月1日第318－ФЗ号联邦法修改;2015年7月13日第216－ФЗ号联邦法修改)

3.如果联邦知识产权行政机关在审查发明申请时确定,申请含有构成国家秘密的信息,则应依照国家机密法规定的程序对该申请加密,该申请即视为秘密发明申请。

不允许对外国公民或外国法人提出的申请予以加密。

4.在审查秘密发明申请时,适用本法典第1384条、第1386条至第1389条的规定。在这种情况下不公布关于专利申请的信息。

5.在确定秘密发明的新颖性时,现有技术(第1350条第2款)还应包括具有更早优先权的秘密发明,在俄罗斯联邦已经被授予的专利,和在苏联时期已颁发了权利证明的秘密发明,只要这些秘密发明的机密等级不高于正在确定其新颖性的发明的机密等级。

6.对被授权机关就秘密发明申请作出的决定提出的异议,按照该机关规定的程序进行审议,而对异议作出的决定,可以向法院提出诉讼。

7.对秘密发明申请,不适用本法典第1379条关于发明申请改变为实用新型申请的规定。

第1402条　秘密发明的国家注册和专利证书的颁发、秘密发明信息的公布

1.秘密发明在俄罗斯联邦发明国家注册簿的注册和秘密发明专利证书的颁发由联邦知识产权行政机关实施,如果授予秘密发明专利的决定是由被授权机关作出的,则由该机关实施颁发。被授权机关在对秘密发明进行注册和颁发专利证书后,应将此情况通知联邦知识产权行政机关。

在对秘密发明进行注册和颁发专利证书后,被授权机关对明显的或技术性错误的修改应列入秘密发明专利证书和俄罗斯联邦发明国家注册簿。

2. 关于秘密发明申请的信息,以及关于俄罗斯联邦发明国家注册簿中涉及秘密发明修改的信息不予公布。此种专利信息材料的移交,依照国家秘密法进行。

第 1403 条　秘密等级的变更和发明的解密

1. 秘密等级的变更和发明的解密,以及秘密发明申请文件和专利证书更变和消除秘别印章,均按国家秘密法规定的程序进行。

2. 在提高发明的秘密等级时,联邦知识产权行政机关应根据专利申请文件的技术属性将这些文件移送相应的被授权机关。如果在提高秘密等级时该机关尚未完成专利申请的审查,则对专利申请的审查由被授权机关继续进行。在发明降低秘密等级时,专利申请的审查由原审查机关继续进行。

3. 在发明解密时,被授权机关应将该发明的解密文件移送联邦知识产权行政机关。被授权机关在文件解密前尚未完成的审查,由上述联邦机关继续进行。

第 1404 条　确认被授权机关授予的秘密发明专利无效

(2014 年 3 月 12 日第 35 – Ф3 号联邦法修改)

根据本法典第 1398 条第 1 款第 1 ~ 4 项规定的理由对被授权机关授予的秘密发明专利提出的异议,向被授权机关提交并按其规定的程序予以审查。被授权机关对异议作出的决定,由该机关负责人批准并自批准之日起生效。对决定不服的,可以向法院提起诉讼。

(2014年3月12日第35-Ф3号联邦法修改)

第1405条　秘密发明的专有权

1. 秘密发明的使用和专有权的处分应遵守国家秘密法。

2. 依据专利转让合同移转专有权,依据许可合同提供秘密发明使用权,均应在授予秘密发明专利的机关注册,或其权利继受机关进行注册,没有权利继受机关的,应在联邦知识产权行政机关注册。

(2014年3月12日第35-Ф3号联邦法修改)

3. 对秘密发明,不允许进行本法典第1366条第1款和第1368条第1款规定的签订专利转让合同的公开要约和开放许可声明。

4. 对秘密发明,不允许进行本法典第1362条规定的强制许可。

5. 本法典第1359条规定的行为,以及不知悉也不可能根据合法理由知悉存在秘密发明专利的人使用秘密发明,不构成对秘密发明专利权人权利的侵犯。在发明解密后或专利权人通知该人存在该发明的专利之后,该人应该终止发明使用或与专利权人签订许可合同,但存在先用权的情形除外。

6. 不允许对秘密发明专有权进行追索。

第八节　作者和专利权人权利的保护

第1406条　与保护专利权有关的纠纷

1. 与专利权保护有关的纠纷由法院审理。与专利权保护有关的纠纷包括：

(1)关于发明、实用新型或外观设计作者身份权的纠纷；

(2)关于确定专利权人的纠纷；

(3)关于侵犯发明、实用新型或外观设计专有权的纠纷；

(4)关于发明、实用新型或外观设计专有权转让(专利转让)合同和许可使用合同的签订、履行、变更和终止的纠纷；

(5)关于先用权的纠纷；

(6)关于后用权的纠纷；

(7)关于给付报酬的数额、期限和程序的纠纷；

(2014 年 3 月 12 日第 35 – Ф3 号联邦法修改)

(8)——(自 2014 年 10 月 1 日起失效)

(2014 年 3 月 12 日第 35 – Ф3 号联邦法修改)

2. 在本法典第 1387 条、第 1390 条、第 1391 条、第 1398 条、第 1401 条和第 1404 条规定的情况下，专利权的保护依照本法典第 1284 条第 2 款和第 3 款的规定通过行政程序进行。

第 1406.1 条　侵犯发明、实用新型或外观设计专有权的责任

(2014 年 3 月 12 日第 35 – Ф3 号联邦法新增)

在侵犯发明、实用新型或外观设计专有权的情况下，作者或其他权利人在使用本法典规定的保护方式和责任措施的同时(第 1250 条、第 1252 条和第 1253 条)，还有权按照自己的选择要求侵权者以支付补偿金代替赔偿金。

(1)由法院根据侵权的性质在 1 万卢布至 500 万卢布之间酌情判定；

(2)依据与侵权者使用的相同方式合法使用相关发明、实用新型、外观设计通常情况收取的使用费价值相比较，以发明、实用新型或外观设计使用权价值的2倍来判定。

第1407条　专利侵权法院判决的公布

专利权人有权依照本法典第1252条第1款第5项的规定,要求在联邦知识产权行政机关的官方公报上公布非法使用发明、实用新型、外观设计或其他侵权行为案件的法院判决。

第七十三章　育种成果权

第一节　一般规定

第1408条　育种成果权

1. 下列智力权利，属于符合本法典规定的提供法律保护条件的育种成果的育种人：

(1)专有权；

(2)身份权。

2. 在本法典规定的情况下，育种人还享有其他权利，包括专利取得权、育种成果的名称权、职务育种成果的报酬权。

(2014年3月12日第35-Ф3号联邦法修改)

第1409条　育种成果专有权在俄罗斯联邦境内的效力

在俄罗斯联邦境内，承认联邦育种成果行政机关颁发的专利证书或依照俄罗斯联邦签署的国际条约在俄罗斯联邦境内有效的专利证书所证明的育种成果的专有权。

第1410条　育种人

以创造性劳动培育、提取或发现育种成果的公民是育种人。如果没有相反的证明，育种成果专利申请中作为育种人指出的人，视为育种人。

第1411条　育种成果的合作育种人

1. 以共同的创造性劳动培育、提取和发现育种成果的公民，是共同育种人。

2. 每个共同育种人均有权按照自己的意愿使用育种成果,但他们之间的合同有不同约定的除外。

3. 共同育种人之间涉及育种成果使用收益的分配和育种成果专有权的处分,适用本法典第 1229 条第 3 款的规定。

育种成果专利取得权的处分由共同育种人共同行使。

4. 每个共同育种人均有权独立采取措施保护自己的权利。

第 1412 条　育种成果智力权利客体

1. 育种成果智力权利的客体,是指在受保护育种成果国家注册簿中注册的符合本法典对育种成果规定要求的植物品种和动物品种。

2. 植物品种是具有基因或基因组合的特性决定的特征的一组植物,且区别于同一生物学分类中的其他植物组的一个或几个特征,而无论其是否具有可保护性。

品种可以用一个或几个植物、植物的一部分或几个部分体现,只要这部分或这些部分可以为了整个植物品种繁殖的目的而被使用。

受保护的植物品种的范围,是植物的无性繁殖、品系、第一代杂交种、种群。

3. 动物品种是具有基因决定的生物学和形态学特性和特征的一组动物,而且其中的某些特性是该组动物所特有的而且使之区别于其他动物。动物品种或以由一个雌性个体或雄性个体体现,或者由育种物质所体现,而育种物质则是用于使用动物(良种动物)、动物配子或动物合子(胚胎)进行品种繁殖的物质。而无论其是否具有可保护性。

受保护的动物品种的范围,是类型、杂交。

第 1413 条　育种成果的可保护性条件

1. 育种成果如符合可保护性标准并归入农业领域进行规范性法律调整的联邦行政机关规定的名录内的植物学和动物学种类和种属,则可对育种成果授予专利。

2. 育种成果的可保护性标准是新颖性(本条第 3 款)、特异性(本条第 4 款)、一致性(本条第 5 款)和稳定性(本条第 6 款)。

3. 如果在提交专利申请日之前,用于申请的育种成果的种子或种子材料没有被育种人、他的权利继受人或者经过他们同意的其他人为了使用育种成果的目的而出售过和以其他方式转让过,则该植物品种和动物品种被认为具有新颖性:

(1)在俄罗斯联邦境内的,于上述日期前 1 年内;

(2)在其他国家的,于上述日期前 4 年内,涉及葡萄品种、观赏植物品种、果木和林木品种的,为上述日期前 6 年内。

4. 育种成果应该明显区别于截至提出专利申请日已为大众所知的其他任何育种成果。

为大众所知的育种成果,是指在官方目录或查询资料库中存在的,或在一种出版物上有准确描述的育种成果。

提出专利申请后自申请之日起育种成果为大众所知,其条件是该育种成果被授予专利权。

5. 一个植物品种或一个动物品种的特征应该具有足够的一致性,同时要考虑因繁殖特点可能发生的变异。

6. 如果育种成果的基本特征在几代繁殖之后保持不变,或者在特殊繁殖链情况下,每一繁殖周期结束后基本特征保持不变的,育种成果被认为具有稳定性。

第 1414 条　育种成果的国家注册

如果育种成果在受保护育种成果国家注册簿中注册，联邦育种成果行政机关为育种成果申请人颁发专利证书，则育种成果的专有权被承认和受到保护。

第 1415 条　育种成果的专利证书

1. 育种成果的专利证书证明育种成果的优先权、育种人身份权和育种成果的专有权。

2. 根据专利证书提供的育种成果智力权利的保护范围，依照育种成果描述中确认的本质特征的总和确定。

第 1416 条　育种人证明书

育种成果的育种人有权取得联邦育种成果行政机关颁发的育种人证明书并证明其身份。

第 1417 条　国家对创造和使用育种成果的鼓励

国家鼓励育种成果的创造和使用，依照俄罗斯联邦的立法向育种人以及育种成果其他专有权人（专利权人）和使用育种成果的被许可人提供优惠。

第二节　育种成果的智力权利

第 1418 条　育种成果身份权

身份权，即被承认是育种成果的育种人的权利。身份权不可转让和不可移转，包括在向他人转让或向他人移转育种成果专有权或向他人提供使用权时，此项权利均不可转让和不可移转。对该项权利的放弃自始无效。

第 1419 条　育种成果的名称权

1. 育种人享有育种成果的名称权。

2. 育种成果的名称应该能够确定育种成果的同一性，应该简短，与相同或相近植物或动物种类的现有育种成果的名称相区别。名称不能仅用数字构成，不应使人对其特性、产地、育种成果意义、育种人身份产生误认，也不得违反人道与道德原则。

3. 育种人提出的或经育种人同意由提出专利申请的其他人(申请人)提出的育种成果名称，应该取得联邦育种成果行政机关的批准。

如果提出的名称不符合本条第 2 款的要求，申请人应根据联邦育种成果行政机关的要求，在 30 日内提出其他名称。

如果上述期限届满前申请人未提出其他符合指定要求的名称，也不通过司法程序对不批准名称的决定提出异议，则联邦育种成果行政机关有权对育种成果不予注册。

第 1420 条　育种成果专利取得权

1. 育种成果专利取得权原始地属于育种成果的育种人。

2. 育种成果专利取得权可以转让给他人(权利继受人)或者在法律规定的情况下并依照法律规定的依据转让给他人，包括通过概括性权利继受程序或根据合同(包括劳动合同)移转给他人。

3. 育种成果专利取得权的转让合同，应当以书面形式签订。不遵守书面形式的，合同一律无效。

4. 如果育种成果专利取得权转让合同双方当事人未有不同约定，则育种成果不受保护的风险由权利取得人承担。

第 1421 条　育种成果专有权

1. 依照本法典第 1229 条的规定，以本条第 3 款规定的方式使用育种成果的专有权属于专利权人。专利权人可以处分育种成果专有权。

2. 育种成果的专有权也及于植物材料，即用于品种繁殖之外的目的的植物及其部分，也及于繁育动物品种之外的目的的商品动物。如果这些植物或动物分别从种子或种畜获得，且进行民事流通未经专利权人的许可，则种子被理解为用于繁殖品种的植物或植物的部分。

3. 育种成果的使用是利用育种成果的种子或种子材料实施以下行为：

(1)生产和再生产；

(2)为下一次繁殖进行播种准备；

(3)提供出售；

(4)销售或以其他方式进入民事流通；

(5)从俄罗斯联邦出口；

(6)进口到俄罗斯联邦；

(7)为本款第(1)～(6)项的目的而进行保管。

4. 育种成果专有权及于以下种子和育种材料：

实质性地继承了其他受保护的植物品种或动物品种(源品种)的特征，如果这些受保护品种本身并不是育种成果，而是实质性地继承了其他育种成果的特征；

与受保护的植物品种或动物品种没有明显差异的；

要求多次使用受保护植物品种用于种子繁殖。

继承了其他受保护的(源品种)育种成果的本质特征的育种成果被认为是在与源品种有明显差异时会发生以下情况：

(1)继承更多(源品种)育种成果的本质特征或育种成果本身

继承了(源品种)育种成果的本质特征,同时保留反映(源品种)育种成果基因类型或基因组的特征;

(2)与(源品种)育种成果基因类型或基因组相一致,但由于使用对(源品种)植物品种和动物品种进行个体筛选、引发突变种筛选、回交、基因工程等方法引起的变异除外。

第1422条　不属于侵犯育种成果专有权的行为

下列不构成侵犯育种成果的专有权:

(1)为满足个人、家庭、居家或其他与经营活动无关的需要而实施的,其目的也不是获取利润或收益的行为;

(2)为科学研究或试验目的而实施的行为;

(3)为了创造另一动物品种和植物品种作为来源材料使用受保护的育种成果以及这些培育的品种,实施对本法典第1421条第3款规定的行为的,但本法典第1421条第4款规定的情形除外;

(4)为了在该农场范围内培育由俄罗斯联邦政府规定的种、属的植物品种名录内的植物品种,在两年内作为种子使用在农场获得的植物材料;

(5)为在畜牧场进行使用而繁殖商品性动物;

(6)对专利权人或经他同意由其他人投入民事流通的种子、植物材料、育种材料和商用动物实施的任何行为,但下列行为除外:

继续繁殖植物品种和动物品种;

将可以用来繁殖植物品种或动物品种的植物材料或商品性动物从俄罗斯联邦出口到不对该种、属进行保护的国家,但为了后续消费而加工的目的进行出口的情况除外。

第1423条　育种成果的强制许可

1. 自授予育种成果专利之日起满3年以后,任何希望或准备使用育种成果的人,在专利权人拒绝按照惯例形成的条件签订生产或销售种子、育种材料的许可合同的情况下,有权针对权利人向法院提起诉讼,要求提供在俄罗斯联邦境内使用育种成果的普通(非排他)强制许可。在诉讼请求中,该人应当说明向他提供许可的条件,包括使用育种成果的范围以及付款的金额、方式和期限。

如果专利权人不能证明存在妨碍向申请人提供有关育种成果的使用权的正当理由,则法院应作出提供上述许可和其提供条件的判决。法院判决应确定提供许可的支付总金额,而且不得低于可比情况下确定的提供许可的价格。

2. 根据本条第1款规定的法院判决,联邦育种成果行政机关对育种成果提供使用权普通(非排他)强制许可进行国家注册。

(2014年3月12日第35－ФЗ号联邦法修改)

3. 根据法院关于提供普通(非排他)强制许可的判决,专利权人有义务在取得付款的同时,在可接受的条件下向该许可的持有人提供普通(非排他)强制许可的足够数量使用的种子或者相应的育种材料。

4. 如果许可持有人违反提供许可的条件,或者允许提供许可的情况发生重大变化,且这些情况在提供许可之时存在就根本不会提供许可或者提供许可的条件会有重大不同,普通(非排他)强制许可的效力可以根据专利权人提起的诉讼通过司法程序予以终止。

第1424条　育种成果专有权的效力期限

1. 育种成果专有权和证明该权利的专利证书的效力期限为自育种成果记入受保护育种成果国家注册簿之日起30年。

2. 对葡萄、观赏植物、果木和林木品种,包括它们的砧木,专有权和证明该权利的专利证书的效力期限为35年。

第1425条 育种成果成为公共财富

1. 专有权有效期终止后,育种成果成为公共财富。

2. 已经成为公共财富的育种成果,可以自由使用,不需要任何人的同意或许可,也无须为使用支付报酬。

第三节 育种成果专有权的处分

第1426条 育种成果专有权转让合同

根据育种成果专有权转让合同(专利转让合同),一方(专利权人)向另一方(专利取得人)全部转让或承担义务全部转让属于他的相应育种成果专有权。

第1427条 签订育种成果专利转让合同的公开要约

1. 专利申请人如果是育种人,在提出育种成果的专利申请时,可以在申请文件上附具一份声明,在授予专利的情况下他承担义务按照惯例,与任何一个最先表示了此愿望并将此情况通知专利权人和联邦育种成果行政机关的俄罗斯联邦公民或俄罗斯法人签订专利转让合同。存在该声明的情况下,本法典规定的,与提出育种成果专利申请和对该申请颁发专利证书相关的费用不向申请人收取。

联邦育种成果行政机关应在官方公报中公布上述声明的信息。

2. 根据本条第1款中规定的专利权人的声明同专利权人签订了专利转让合同的人,有义务交纳申请人(专利权人)被免交的所有专利费。以后的专利费按规定程序交纳。

在支付了所有申请人(专利权人)被免除的专利费的情况下,依据专利权转让合同专有权移转给取得人的国家注册,在联邦育种成果行政机关进行。

(2014年3月12日第35-Φ3号联邦法修改)

3. 如果专利申请附有本条第1款所指的上述声明,而在公布授予专利信息之日起的2年内,联邦育种成果行政机关没有收到希望签订专利转让合同的书面通知,则专利权人可以向上述联邦机关提出撤回声明的请求。在这种情况下,原先申请人(专利权人)被免交的本法典规定的专利费应该补交,以后的专利费按规定程序全额支付。

联邦育种成果行政机关应在官方公报上公布撤回上述声明的信息。

第1428条　授予育种成果使用权的许可合同

根据许可合同,一方即专利权人(许可人)向另一方即使用人(被许可人)授予或承担义务授予合同规定范围内的专利证书所证明的育种成果的使用权。

第1429条　育种成果的开放许可

1. 专利权人可以向联邦育种成果行政机关提出申请,向任何人提供育种成果的使用权(开放许可)。

在这种情况下,专利维持规费自联邦育种成果行政机关在官方公报上公布开放许可信息的下一年开始减半。

向任何人提供育种成果使用权的条件,应报告联邦育种成果行政机关,而该机关应在官方公报上公布开放许可信息,费用由专利权人负担。专利权人有义务同表示愿意使用上述育种成果的人按照普通(非排他)许可条件签订许可合同。

2. 自联邦育种成果行政机关在官方公报上公布开放许可之日起的 2 年后，专利权人有权向联邦育种成果行政机关提出撤回开放许可的申请。

在撤回开放许可之前，如果没有人提出使用育种成果的意愿，专利权人应补齐公布开放许可之日起这期间的专利维持规费，以后应全额交纳。

在撤回开放许可之前，如果已经按照开放许可的条件签订了相关的许可合同，则被许可人在合同整个有效期内保留自己的权利。在这种情况下专利权人必须交纳自撤回开放许可之日起的专利维持规费。

联邦育种成果行政机关应在官方公报上公布关于撤回开放许可的信息。

第四节　因履行职务或完成合同工作而培育、提取或发现的育种成果

第 1430 条　职务育种成果

1. 职工因履行劳动职责或完成雇主布置的具体任务而培育、提取或发现的育种成果是职务育种成果。

2. 职务育种成果的身份权属于职工（培育人）。

3. 育种成果专有权和专利取得权属于雇主，但职工与雇主之间的劳动或民事合同有不同规定的除外。

（2014 年 3 月 12 日第 35 – Φ3 号联邦法修改）

4. 如果职工与雇主之间的合同没有不同约定（本条第 3 款），则职工应把因履行劳动职责或完成雇主布置的具体任务而培育、

提取或发现的可能作为育种成果得到法律保护的事由书面通知雇主。

如果雇主在职工通知其培育、提取或发现的可能作为育种成果受到法律保护的事项之日起的4个月内，没有就该育种成果向联邦育种成果行政机关提出专利申请，也不向他人转让职务育种成果专利取得权，也未通知职工对相关成果的信息保密，则该项育种成果的专利取得权返还给职工。在这种情况下，雇主在专利有效期内有权在自己的生产中按照普通（非排他）许可条件使用职务育种成果，同时向专利权人给付补偿金。给付补偿金的数额、条件和方式由职工与雇主之间的合同规定，如有争议，则由法院裁决。

（2014年3月12日第35－Φ3号联邦法修改）

5. 职工对培育、提取、发现的职务育种成果的使用，有权从雇主处取得报酬，报酬的金额和条件由职工与雇主之间的合同规定，但不得少于使用育种成果的年收益（包括提供许可的收入）的20%，包括提供许可的收益。雇主因使用职务育种成果向职工给付报酬的数额、方式或条件的争议，由法院裁决。

在使用育种成果的每一年之后的6个月内向职工给付报酬。

职务育种成果的报酬权不能转让，但可以在专有权有效期的剩余期限移转给培育人的继承人。

（2014年3月12日第35－Φ3号联邦法新增）

6. 职工使用雇主的资金、机械设备或其他物质手段培育、提取或发现的，但与劳动职责或雇主布置的具体任务无关的育种成果，不是职务育种成果。育种成果专利取得权和育种成果专有权属于职工。在这种情况下，雇主有权根据自己的选择要求在专有权有效期内向他提供使用育种成果的无偿普通（非排他）许可用于其需要，或者要求赔偿因培育、提取或发现该育种成果而花费的开支。

第1431条　根据委托而培育、提取或发现的育种成果

1. 如果合同标的为培育、提取或发现育种成果，则根据合同培育、提取或发现（根据委托）的育种成果的专利取得权和专有权属于委托人，但承揽人（执行人）与委托人之间的合同有不同规定的除外。

（2014年3月12日第35－ФЗ号联邦法修改）

2. 依据本条第1款的规定，育种成果的专利取得权和专有权属于委托人时，如果合同没有不同规定，则承揽人（执行人）有权在专利有效期内按照无偿普通（非排他）许可的条件将育种成果用于自己的需要。

（2014年3月12日第35－ФЗ号联邦法修改）

3. 如果依照承揽人（执行人）和委托人之间的合同，育种成果专利取得权和育种成果的专有权属于承揽人，则委托人有权为了签订相关合同的目的，按照无偿普通（非排他）许可的条件在专利整个有效期内使用育种成果。

（2014年3月12日第35－ФЗ号联邦法修改）

4. 本条第1款所列育种成果的育种人，如果不是专利权人，则有权依照本法典第1430条第5款的规定取得报酬。

第1432条　依据国家或自治地方合同完成工作时培育、提取或发现的育种成果

依据国家或自治地方合同完成工作时培育、提取或发现的育种成果，适用本法典第1373条的规定。

第五节　育种成果专利的取得、育种成果专利效力的终止

第 1433 条　育种成果专利申请

1. 育种成果专利申请(专利申请),由依照本法典享有专利取得权的人(申请人)向联邦育种成果行政机关提出。

2. 专利申请应当包括以下材料:

(1)授予专利申请书,并指出育种成果的育种人和要求专利权人,以及他们每个人的住所地或所在地;

(2)育种成果说明书;

(3)——(2014 年 10 月 1 日起失效)

(2014 年 3 月 12 日第 35 – Ф3 号联邦法修改)

3. 对专利申请文件的要求,由在农业领域从事规范性法律调整的联邦行政机关根据本法典规定。

4. 一项专利申请应涉及一个育种成果。

5. 本条第 2 款所列文件用俄语或其他语言提交。如果文件用其他语言提交的,申请材料应附具其俄语译文。

第 1434 条　育种成果的优先权

1. 育种成果的优先权根据联邦育种成果行政机关收到专利申请书的日期确定。

2. 如果联邦育种成果行政机关在同一天收到两份以上对同一育种成果的专利申请,则优先权按照最先发出的一份申请书确定。如果审查确认这些申请书于同一日期发出,则专利应该根据联邦育种成果行政机关授予的登记号最先的申请书授予,其条件是申

请人未有不同的约定。

3. 如果在联邦育种行政机关收到专利申请之前,申请人已经在外国提出专利申请,而俄罗斯联邦同该外国已经签订了育种成果保护条约,则申请人在自提出申请之日起的12个月内享有第一次申请的优先权。

在送交联邦育种成果行政机关的专利申请书中,申请人应当指出第一次申请的优先权日期。在联邦育种成果行政机关收到申请之日起的6个月内,申请人必须提交经有关外国主管机关认证的第一次申请的复印件以及它的俄语译文。符合以上条件时,申请人在提交第一次申请之日起的3年内有权不再提交补充文件和试验必须的材料。

第1435条　专利申请的初步审查

1. 在专利申请的初步审查过程中确定优先权日期,审查是否具备本法典第1433条第2款规定的文件,以及这些文件是否符合规定要求。专利申请的初步审查应在1个月内进行。

2. 在初步审查期间,申请人有权主动补充、说明或更正申请文件。

联邦育种成果行政机关可以要求申请人提交暂缺的文件或补充说明的文件,申请人必须在规定期限内提交这些文件。

如果在收到申请之日缺少的文件没有在规定期限内提交,则申请不予受理,对此应通知申请人。

3. 初步审查的肯定结果和提出专利申请的日期,联邦育种成果行政机关应在完成初步审查后立即通知申请人。

通过申请的信息,应在上述机关的官方公报公布。

4. 如果申请人不同意联邦育种行政机关就专利申请初步审查

的结果所作的决定，有权在收到该决定之日起的 3 个月内通过司法程序提出异议。

第 1436 条　育种成果的临时法律保护

1. 对已经向联邦育种成果行政机关提出专利申请的育种成果，自提出申请之日至授予申请人专利权之日，对育种成果提供临时法律保护。

2. 如果有人不经申请人的许可在育种成果临时法律保护期间实施了本法典第 1421 条第 3 款规定的行为，则专利权人在获得育种成果专利后有权要求该人进行金钱补偿。补偿的数额由双方协商，有争议时，由法院裁决。

3. 在育种成果临时法律保护期间，仅允许申请人为了科学研究的目的而出售或以其他形式转让种子、育种材料。如果出售或转让涉及转让育种成果专利取得权，或者按照申请人的委托为种子或育种材料的储备而培育的目的，也允许出售或转让种子、育种材料。

4. 如果专利申请未通过审查（第 1435 条）或者对申请作出了拒绝授予专利权的决定并且本法典规定的对该决定提出异议的可能性已经完全消失，以及在申请人违反本条第 3 款规定的情况下，育种成果的临时法律保护视为没有发生。

第 1437 条　育种成果新颖性的审查

1. 任何利害关系人在申请专利的信息公布之日起的 6 个月内均可以向联邦育种成果行政机关提出进行该育种成果新颖性审查。

就收到上述申请的事宜，联邦育种成果行政机关应通知申请人并说明申请的实质。申请人有权在收到通知之日起的 3 个月内向联邦育种成果行政机关送交对该申请说明理由的答辩书。

2. 联邦育种成果行政机关应当根据现有材料作出决定，并将决定通知利害关系人。如果育种成果不符合新颖性标准，则作出拒绝授予育种成果专利的决定。

第 1438 条　育种成果的特异性、一致性、稳定性试验

1. 育种成果的特异性、一致性和稳定性试验按照在农业领域从事规范性法律调整的联邦行政机关规定的方法和期限进行。

申请人必须按照联邦育种成果行政机关指定的地址和期限提交进行试验所需数量的种子和育种材料。

2. 联邦育种成果行政机关为了本条第 1 款所列目的，有权使用与俄罗斯联邦签订了有关条约的其他国家主管机关进行试验的结果，以及其他俄罗斯组织根据同上述联邦行政机关签订的合同所进行试验的结果，以及申请人提交的数据。

第 1439 条　育种成果国家注册程序与专利证书的颁发

1. 如果育种成果符合保护条件（第 1413 条第 2 款）而且育种成果的名称符合本法典第 1419 条的规定，联邦育种成果行政机关应作出颁发育种成果专利证书的决定，并制作育种成果说明书以及将育种成果列入受保护育种成果国家注册簿。

2. 受保护育种成果国家注册簿应记载下列内容：

（1）植物、动物的种、属；

（2）植物、动物品种的名称；

（3）育种成果国家登记日期和登记号；

（4）专利权人的姓名或名称、住所地或所在地；

（5）育种人的姓名及住所地；

（6）育种成果说明书；

（7）向他人转让育种成果专利的事实，并指出其姓名或名称、住所地或所在地；

(8)关于已签订许可合同的信息；

(9)专利效力终止的日期并说明原因。

2.1 根据权利人的申请，联邦育种成果行政机关可以对相关权利人和(或)育种成果的育种人的信息包括权利人的姓名或名称、其住所地或居住地、育种成果育种人的姓名、通迅地址进行更改，以及为纠正在受保护育种成果国家注册簿中明显的和技术性错误而进行的更改。

(2014年3月12日第35－Φ3号联邦法新增)

3. 育种成果专利证书应当颁发给申请人。如果专利申请中指出了几位申请人，则专利证书颁发给申请中的第一位申请人，申请人根据他们之间的协议共同使用专利证书。

第1440条　育种成果的维护

1. 专利权人应当在育种成果的整个专利有效期内维护植物品种或动物品种，使列入受保护育种成果国家注册簿的植物品种或动物品种说明书所列举的特征得以保持。

2. 根据联邦育种成果行政机关的要求，专利权人必须提交进行监督试验的种子或育种材料，并使之有就地进行检查的可能，费用由专利权人负担。

第1441条　确认育种成果专利无效

1. 有下列情形之一的，育种成果专利在其有效期内可以被认定为无效：

(1)授予专利依据的申请人提交的用以确定育种成果一致性和稳定性的数据未得到证实；

(2)截至授予专利之日，育种成果不符合新颖性或特异性标准；

(3)专利申请书中所列专利权人不具有获得专利的法定理由。

2. 知悉本条第1款所列情形的任何人,均可以向联邦育种成果行政机关提出申请,对育种成果授予的专利提出异议。

联邦育种成果行政机关应将上述申请书的副本送达专利权人,专利权人应在收到副本之日起的3个月内提交说明理由的答辩书。

联邦育种成果行政机关应在收到上述申请书之日起的6个月内针对申请作出决定,但要求进行补充试验的情形除外。

3. 被确认无效的育种成果专利,自提出专利申请之日起无效。在这种情况下,作出专利无效决定之前签订的许可合同,至认定无效之日在已经履行的范围内仍然有效。

4. 确认育种成果专利无效,意味着撤销联邦育种成果行政机关授予专利的决定(第1439条)和撤销在受保护育种成果国家注册簿中的相应记载。

第1442条　育种成果专利效力提前终止

有下列情形之一的,育种成果专利效力提前终止:

(1)育种成果不再符合一致性和稳定性标准;

(2)专利权人没有根据联邦育种成果行政机关的要求在12个月内提交种子或育种材料,没有提交为检验育种成果可保护性所必需的文件或信息材料,或者没有提供为此目的就地进行育种成果检验的可能性;

(3)专利权人向联邦育种成果行政机关提出提前终止专利效力的申请;

(4)专利权人没有在规定期限内交纳专利效力维持规费。

第1443条　育种成果信息的公布

1. 联邦育种成果行政机关出版官方公报,官方公报中应公布下列信息：

(1)所收到的指出育种成果优先权日期的申请书、申请人的姓名或名称、育种成果的名称；在育种人不拒绝公布其作为育种人身份的情况下，公布育种人的姓名；

(2)就申请所作的授予专利的决定；

(3)育种成果名称的更改；

(4)确认育种成果专利无效的决定；

(5)涉及育种成果保护的其他信息。

2. 关于育种成果专利申请和就该申请所作出决定的信息公布之后，任何人均有权了解申请的材料。

第 1444 条　育种成果的使用

1. 在俄罗斯联邦销售的种子和育种材料应该附有证明其品种属性和品系起源的文件。

2. 对列入受保护育种成果国家注册簿的育种成果，本条第 1 款所列文件只能由专利权人或被许可人提供。

第 1445 条　育种成果在外国申请专利

育种成果可以在外国提出专利申请。与国外保护育种成果有关的费用，由申请人负担。

第六节　育种成果的育种人或其他专利权人的权利保护

第 1446 条　侵犯育种成果育种人或其他专利权人权利的行为

侵犯育种人或其他专利权人权利的行为包括：

(1)违反本法典第1421条第3款的规定使用育种成果;

(2)对生产和(或)出售的是育种成果的种子、育种材料冠以与注册的育种成果不同的名称;

(3)对生产和(或)出售的不是育种成果的种子或育种材料冠以注册的育种成果名称;

(4)对生产和(或)出售的种子或育种成果冠以与注册育种成果近似的名称。

第1447条　侵犯育种成果专有权法院判决的公布

育种成果的育种人或其他专利权人,有权要求联邦育种成果行政机关在其官方公报上公布,依照本法典第1252条第1款的规定作出的有关非法使用育种成果或其他侵犯专利权人权利的法院判决。

第七十四章　集成电路布图设计权

第 1448 条　集成电路布图设计

1. 集成电路布图设计是在物质载体上固定下来的集成电路元件和元件互连线路的空间几何布局。集成电路是为执行电子功能而制造的中间产品或最终产品,其元件和互连线路不可分割地布局于制造该产品的基片之内和(或)基片之上。

2. 本法典提供的法律保护,仅适用于通过作者的创造性劳动而完成的设计,且截至完成之日该设计不是集成电路布局设计研制领域专家所公知的常规设计。如果没有相反的证明,集成电路布图设计即视为具有独创性的设计。

对由元件组成的集成电路,如果元件是截至完成之日已为集成电路布图设计研制领域专家所公知的,而这些元件的空间几何排列和互连线路整体满足独创性的要求,也提供法律保护。

(2014 年 3 月 12 日第 35 – Φ3 号联邦法修改)

3. 本法典提供的法律保护,不适用于集成电路布图设计所体现的思想、方法、体系、工艺或代码信息。

第 1449 条　集成电路布图设计权

1. 符合本法典规定的法律保护条件的集成电路布图设计(布图设计)的作者享有下列权利:

(1)专有权;

(2)身份权。

2. 本法典规定的情况下，集成电路布图设计的作者还享有其他权利，包括对职务布图设计获得报酬的权利。

（2014 年 3 月 12 日第 35－Ф3 号联邦法修改）

第 1450 条　集成电路布图设计的作者

集成电路布图设计的作者是以创造性劳动完成该布图设计的人。如果没有相反的证明，在集成电路布局设计国家注册证书颁发申请中指明为作者的人即为该布图设计的作者。

第 1451 条　集成电路布图设计的共同作者

1. 以共同的创造性劳动完成集成电路布图设计的公民，是共同作者。

2. 每一个共同作者均有权按照自己的意志使用集成电路布局设计，但共同作者之间的协议有不同规定的除外。

3. 共同作者之间涉及使用集成电路布图设计收益的分配以及集成电路布图设计专有权的处分，适用本法典第 1229 条第 3 款的规定。

取得集成电路布图设计国家注册证书的权利的处分由共同作者共同行使。

第 1452 条　集成电路布图设计的国家注册

1. 在集成电路布图设计专有权的效力期间内（第 1457 条），权利人可以根据自己的意愿在联邦行政知识产权机关进行集成电路布图设计的国家注册。

含有构成国家秘密信息的集成电路布图设计，不得进行国家注册。提出集成电路布图设计注册申请的人（申请人）对泄露含有国家秘密的集成电路布图设计的信息，依照俄罗斯联邦立法承担责任。

(2014 年 3 月 12 日第 35－Φ3 号联邦法修改)

2.如果在提出集成电路布图设计国家注册申请(注册申请)之前已经发生了集成电路布图设计的使用,则申请可以在其首次使用之日起的 2 年内提出。

(2014 年 3 月 12 日第 35－Φ3 号联邦法修改)

3.注册申请应针对一项集成电路布图设计,申请书应包括下列内容:

(1)进行集成电路布图设计的国家注册申请,指出国家注册所要求的作者的姓名,以及那些不拒绝作为作者提及的作者的姓名,他们每个人的住所地或所在地;如果集成电路布图设计已使用,集成电路布图设计首次使用的日期;

(2)交存证明集成电路布图设计同一性的材料,包括简介;

(3)——(自 2014 年 10 月 1 日起失效)

(2014 年 3 月 12 日第 35－Φ3 号联邦法修改)

4.申请集成电路布图设计国家注册的格式规则,由在知识产权领域从事规范性法律调整的联邦行政机关规定。

5.根据登记申请,联邦知识产权行政机关审查是否具备必要的文件和这些文件是否符合本条第 3 款的要求。在得到肯定结果时,上述联邦机关应将集成电路布图设计列入集成电路布图设计国家注册簿,向申请人颁发集成电路布图设计国家注册证书,并在官方公报上公布关于已经登记的集成电路布图设计的信息。

应联邦知识产权行政机关的要求或主动提出,作者或其他权利人有权在官方公报公布有关信息之前,对注册申请材料进行补充、说明和更正。

(2014 年 3 月 12 日第 35－Φ3 号联邦法修改)

6. 集成电路布图设计的国家注册程序、注册证书的格式、注册证书的内容以及联邦知识产权行政机关应在官方公报上公布的信息的内容，均由在知识产权领域从事规范性法律调整的联邦行政机关规定。

7. 转让和抵押已经注册的布图设计专有权的合同、提供已经注册的布图设计使用权的许可使用合同以及不依照合同将该布图设计专有权向他人移转，应当在联邦知识产权行政机关进行国家注册。

应权利人的申请，联邦知识产权行政机关可以对权利人和（或）布图设计的作者的信息包括权利人的名称或姓名、住所地或居住地、布图设计作者的姓名和通迅地址进行变更，以及在集成电路布图设计国家登记簿和国家登记证书中的明显和技术错误的更改。

联邦知识产权行政机关对列入集成电路布图设计国家注册簿中的任何记载事项的变更，应在官方公报公布。

（2014 年 3 月 12 日第 35 – Ф3 号联邦法修改）

8. 如果没有相反证明，列入集成电路布局设计国家注册簿的信息视为真实可靠，申请人对提交注册的信息材料和真实可靠性负责。

第 1453 条　集成电路布图设计作者身份权

集成电路布图设计作者身份权，即被承认为集成电路布图设计的作者的权利，是不可转让的和不可转移的，包括在向他人转让或移转集成电路布局设计专有权或向他人提供集成电路布图设计使用权的情况下亦不可转让和不可移转。对此项权利的放弃自始无效。

第 1454 条　集成电路布图设计的专有权

1. 依照本法典第 1229 条的规定，以任何不与法律相抵触的方式，包括本条第 2 款所列方式，使用集成电路布局设计的专有权属于权利人(集成电路布局设计专有权)。权利人可以处分集成电路布局设计的专有权。

2.集成电路布图设计的使用是指下列以营利为目的的行为,包括:

(1)通过接入集成电路或以其他方式复制集成电路布图设计整体或部分,但仅复制不具有独创性的那部分布图设计的除外;

(2)将集成电路布局设计、含有该布图设计的集成电路或者含有该集成电路布图设计的产品向俄罗斯联邦进口、进行销售或以其他形式进入民事流通。

3.独立创作了与另一布图设计相同的布局设计的人,对该布图设计享有独立的专有权。

第1455条　集成电路布图设计保护标志

权利人为使公众周知自己对集成电路布图设计的专有权,有权在布图设计以及包含该布图设计的产品上使用保护标志。该标志由三部分组成:字母"T"标志(圈T或方框T)、集成电路布图设计专有权效力期限的起始日期,以及权利人的识别信息。

第1456条　不属于侵犯集成电路布局设计专有权的行为

不属于侵犯集成电路布图设计专有权的行为包括:

(1)如果实施行为的人不知道和不应当知道集成电路含有非法复制的布图设计,对其中包含有非法复制布图设计的集成电路以及对任何包含有非法复制布图设计的集成电路的产品实施了本法典第1454条第2款规定的行为。在收到非法复制布图设计的通知后,该人可以使用包含非法复制布图设计的集成电路的现存产品,以及在此之前订购的产品。在这种情况下,该人有义务向权利人支付使用布图设计的补偿金,补偿金的数额应与可比情况下使用类似布图设计应支付的报酬相当。

(2)出于非营利性的个人目的，以及出于评估、分析、研究和教学的目的而使用布图设计。

(3)享有集成电路布图设计专有权的人或经权利人许可的其他人传播含有已进入民事流通的布图设计的集成电路。

第1457条　集成电路布局设计专有权的效力期限

1. 集成电路布图设计专有权的效力期限为10年。

2. 集成电路布图设计专有权的效力期限自首次使用布图设计之日起计算，而该日期为该布图设计、含有该布图设计的集成电路或含有这种集成电路布图设计的产品最早以文件形式固定下来的在俄罗斯联邦或任何外国进入民事流通的日期；或者自集成电路布图设计在联邦知识产权行政机关进行注册之日起计算，以上两种情况以在先发生的为准。

3. 如果出现另一作者独立完成相同的具有独创性的集成电路布图设计，则两个布图设计的专有权均自第一个专有权产生之日起的10年后终止。

4. 专有权效力期限届满之后，集成电路布图设计即成为公共财富，任何人不经同意或许可，也不支付报酬，可以自由使用。

(2014年3月12日第35－Φ3号联邦法修改)

第1457.1条　布图设计专有权的继承

(2014年3月12日第35－Φ3号联邦法新增)

布图设计专有权的继承，适用作品专有权继承的规定(第1283条)。

第1458条　布图设计专有权转让合同

根据布图设计专有权转让合同，一方(权利人)向另一方(布图设计专有权的取得人）全部转让或承担义务全部转让其享有的布局设计专有权。

第1459条　提供集成电路布图设计使用权的许可合同

根据许可合同，一方即布图设计专有权的所有人（许可人）向另一方（被许可人）授予或承担义务授予在合同规定范围内使用该布图设计的权利。

第1460条　布图设计专有权处分的合同形式和布图设计专有权移转、抵押及提供布图设计使用权的国家注册

（2014年3月12日第35－Ф3号联邦法修改）

1. 布局设计专有权转让合同和许可合同应该以书面形式签订。不遵守书面形式的，合同无效。

2. 如果布图设计已注册（第1452条），则布图设计专有权的转让、抵押，布图设计依合同授权使用，布图设计无合同专有权的移转，应当向联邦知识产权行政机关根据本法典第1232条规定的程序进行国家注册。

第1461条　职务布图设计

1. 职工因履行劳动职责或完成雇主布置的具体任务而完成的布图设计，是职务布图设计。

2. 职务布图设计的设计人身份权属于职工（作者）。

3. 职务布图设计的专有权属于雇主，但雇主与职工之间的劳动或民事合同有不同规定的除外。

（2014年3月12日第35－Ф3号联邦法修改）

4. 如果布图设计专有权属于雇主或雇主转让给了第三人，则员工有权从雇主那里取得报酬。报酬的数额、给付条件和程序由员工与雇主之间的合同确定，有争议的，由法院裁决。

职务布图设计的获酬权不能转让，但在专有权有效期的剩余期限可移转给作者的继承人。

（2014 年 3 月 12 日第 35－Ф3 号联邦法新增）

如果布图设计的专有权属于作者，则雇主有权以普通（非排他）许可的条件使用该布图设计，并向权利人支付报酬。

（2014 年 3 月 12 日第 35－Ф3 号联邦法新增）

5. 职工利用雇主的金钱、技术设备或其他物质手段，但不是履行劳动职责或完成雇主布置的具体任务而完成的布图设计，不是职务布图设计。布图设计的专有权属于职工。在这种情况下，雇主有权根据自己的选择要求在布图设计专有权整个效力期限内提供为自己需要而使用布图设计的无偿普通（非排他）许可，或者要求赔偿与完成该布图设计而花费的开支。

第 1462 条　履行合同创作的布图设计

1. 在履行承揽合同或者科学研究、实验设计或技术工作合同时创作的布图设计，而合同未直接规定创作该设计，布图设计的专有权属于承揽人（执行人），但承揽人与委托人之间的合同有不同规定的除外。

（2014 年 3 月 12 日第 35－Ф3 号联邦法修改）

在这种情况下，如果合同没有不同规定，则委托人有权为达到合同订立之目的，在整个布图设计专有权有效期内，根据普通（非排他）许可条件使用所创作的布图设计，而不再支付额外的报酬。当承揽人（执行人）将布图设计专有权转让给他人时，委托人保留按上述条件使用布图设计的权利。

2. 如果布图设计的专有权根据承揽人（执行人）与委托人的合同转让给委托人或委托人指定的第三人，则承揽人（执行人）有权在专有权有效期内按照无偿普通（非排他）许可条件为了自己的需要而使用布图设计，但合同有不同规定的除外。

3. 本条第1款所列的布图设计的作者，如果不享有该布图设计的专有权，则有权依照本法典第1461条第4款的规定获得报酬。

第1463条　依委托而创作的布图设计

1. 如果合同标的为创作布图设计，则依合同创作的布图设计的专有权属于委托人，但承揽人（执行人）与委托人之间的合同有不同规定的除外。

（2014年3月12日第35－Φ3号联邦法修改）

2. 依照本条第1款布图设计的专有权属于委托人或他指定的第三人，则如果合同没有不同规定，承揽人（执行人）有权在专有权有效期内按照无偿普通（非排他）许可条件为自己的需要而使用该布图设计。

3. 如果依照承揽人（执行人）与委托人之间的合同，布图设计专有权属于承揽人（执行人），则委托人有权在专有权有效期内按照无偿普通（非排他）许可条件为签订相应合同达到的目的使用该布图设计。

（2014年3月12日第35－Φ3号联邦法修改）

4. 根据委托创作的布图设计的作者，如果不是权利人，则应依照本法典第1461条第4款的规定获得报酬。

第1464条　根据国家或自治地方合同完成工作时创作的布图设计

对根据国家或自治地方合同完成工作时创作的布图设计，适用本法典第1298条的规定。

第七十五章　商业秘密(Know-How)权

第1465条　商业秘密

(2014年3月12日第35－Ф3号联邦法修改)

1. 商业秘密是任何性质的(生产的、技术的、经济的、组织的和其他的)科学技术领域智力活动成果的信息,以及职业活动实施方法的信息。这些信息由于不为第三人所知晓而具有现实的或潜在的价值,第三人基于法律依据不能自由接触该信息,信息的所有人为了维持信息的机密性而采取合理的措施,包括商业秘密制度。

2. 必须披露的,或不允许法律或其他法律文件规定限制接触的信息,不是商业秘密。

第1466条　商业秘密的专有权

1. 依照本法典第1229条的规定,以任何不与法律相抵触的方法,包括用于制造产品和实施经济和组织方案时,使用商业秘密的专有权(商业秘密专有权)属于商业秘密的所有人。商业秘密所有人可以处分上述专有权。

2. 如果他人善意占有构成受保护的商业秘密的信息内容,且此种占有与拥有商业秘密的其他人无关,则该人取得该商业秘密的独立专有权。

第1467条　商业秘密专有权的效力

商业秘密专有权在构成其内容的信息得以保密的情况下一直有效。自相应的信息丧失秘密性之时起,商业秘密所有权利人的专有权一律终止。

第1468条　商业秘密专有权转让合同

1. 根据商业秘密专有权转让合同,一方(权利人)向另一方即该商业秘密专有权取得人全部转让或承担义务全部转让属于他的商业秘密专有权。

2. 在转让商业秘密专有权时,处分其权利的人有义务对商业秘密予以保密,直至商业秘密专有权效力终止。

第1469条　提供商业秘密使用权的许可合同

1. 依据商业秘密许可合同,一方即商业秘密专有权所有人(许可人)向另一方(被许可人)授予或承担义务授予在合同规定范围内使用相关商业秘密的权利。

2. 签订的许可合同可以指出也可以不指出其有效期。如果许可合同未指出其有效期,则任何一方均有权提前6个月通知另一方之后的任何时间终止合同,但合同规定更长期限的情形除外。

3. 在授予商业秘密使用权时,权利处分人必须在许可合同有效期内对商业秘密保守秘密。

根据许可合同取得有关权利的人,必须对商业秘密予以保密,直至商业秘密专有权效力终止。

第1470条　职务商业秘密

1. 职工因履行自己的劳动职责或完成雇主布置的具体任务而创造的商业秘密(职务商业秘密),其专有权属于雇主。

2. 因履行自己的劳动职责或完成雇主布置的具体任务而知悉商业秘密的人,有义务对所获得的信息予以保密,直至商业秘密专有权效力终止。

第 1471 条　履行合同时获得的商业秘密

如果商业秘密在履行承揽合同、科学研究、试验设计或工艺工程合同时获得,或者是为了国家或自治地方的需要而履行国家或自治地方合同时获得的,则该商业秘密的专有权属于承揽人(执行人),合同(国家或自治地方合同)有不同规定的除外。

——(自 2014 年 10 月 1 日起失效)

(2014 年 3 月 12 日第 35 – Φ3 号联邦法修改)

第 1472 条　侵犯商业秘密专有权的责任

1. 侵犯商业秘密专有权的人,包括非法取得、泄露或使用构成商业秘密信息的人,以及依照本法典第 1468 条第 2 款、第 1469 条第 3 款和第 1470 条第 2 款的规定有义务保守商业秘密的人,应赔偿因侵犯商业秘密专有权而造成的损失,法律或合同规定其他责任的除外。

2. 不知道或不应当知道使用商业秘密的行为属于非法,包括偶然或错误地了解到商业秘密的人,不承担本条第 1 款规定的责任。

第七十六章　法人、商品、工作、服务和企业个性化标识权

第一节　企业名称权

第1473条　企业名称

1. 作为商业组织的法人，以其设立文件中确定的并在注册时列入法人国家注册簿的企业名称参加民事活动。

2. 法人的企业名称应当指出其组织形式和法人名称本身。企业名称不得仅由表示其活动种类的词语组成。

3. 法人应当拥有一个以俄语表示的企业名称的全称，且有权拥有一个企业名称的简称。法人还有权拥有一个用任何一种俄罗斯联邦民族语言和（或）外国语言表示的企业名称的全称和（或）企业名称的简称。

（2014年3月12日第35－ФЗ号联邦法修改）

法人的企业名称或以俄罗斯联邦民族语言表示的企业名称可以包含用俄语拼写的外国语言或用俄罗斯联邦民族语言拼写的外国语言，但法人的组织形式及其缩略语不得包含外国语言。

4. 法人的企业名称不得包含：

（1）外国国家的官方全称或简称，以及由这些名称中派生出来的词语；

（2008年11月8日第201－ФЗ号联邦法修改）

(2)联邦国家权力机关、俄罗斯联邦各主体的国家权力机关和地方自治机关的官方全称或简称;

(3)——(2014 年 10 月 1 日起失效)

(2014 年 3 月 12 日第 35 - Ф3 号联邦法修改)

(4)社会团体的全称或简称;

(5)违背公共利益以及人道和道德原则的名称。

国有单一制企业的企业名称可以包含该企业属于俄罗斯联邦或俄罗斯联邦主体的指示。

依照俄罗斯联邦政府规定的程序颁发的许可,可以将俄罗斯联邦或俄罗斯的官方名称,以及从该名称中派生的词语纳入法人的企业名称。

(2008 年 11 月 8 日第 201 - Ф3 号联邦法修改)

在将俄罗斯联邦或俄罗斯的官方名称以及从该名称中派生的词语纳入法人企业名称的许可被撤销的情况下,法人有义务在 3 个月内对其章程作相应的更改。

(2008 年 11 月 8 日第 201 - Ф3 号联邦法修改;2014 年 5 月 5 日第 99 - Ф3 号联邦法修改)

5. 如果法人的企业名称不符合本法 1231.1 条、本条第 3 款和第 4 款的要求,进行法人国家注册的机关有权对该法人提起强制变更企业名称的诉讼。此时不适用本法典第 61 条第 2 款和第 3 款的规定。

(2014 年 3 月 12 日第 35 - Ф3 号联邦法修改)

第 1474 条　企业名称的专有权

1. 法人享有以任何不与法律相抵触的方式使用自己企业名称的专有权利(企业名称专有权),包括在展览会、表格、账单和其他文件、公告和广告以及商品和商品包装上、在互联网上使用企业名称的权利。

（2014 年 3 月 12 日第 35－Ф3 号联邦法修改）

企业名称的简称以及用俄罗斯民族语言和外国语言表示的企业名称，在其列入法人国家注册簿的条件下，均受到企业名称专有权保护。

2. 不允许对企业名称专有权进行处分（包括通过转让或向他人提供企业名称的使用权）。

3. 如果法人从事类似的活动，其中一个法人的企业名称已经先于其他法人的企业名称列入统一的法人国家注册簿，则不允许再使用与该法人企业名称相同或近似达到混淆程度的企业名称。

4. 法人如违反本条第 3 款的规定，根据权利人的请求，在与权利人从事的类似活动中有义务按照自己的选择终止使用与权利人的企业名称相同或近似达到混淆程度的企业名称，或者变更自己的企业名称，以及有义务向权利人赔偿所造成的损失。

（2014 年 3 月 12 日第 35－Ф3 号联邦法修改）

第 1475 条　企业名称专有权在俄罗斯联邦境内的效力

1. 企业名称列入统一的法人国家注册簿的，其专有权在俄罗斯联邦境内有效。

2. 企业名称专有权自法人国家注册之日起产生，于企业名称因法人终止或变更企业名称而从统一的法人国家注册簿删除之日起终止。

第 1476 条　企业名称权与商号权、商品商标和服务商标权的关系

1. 企业名称或企业名称的个别元素可以被权利人用在属于他

的商号中。

包含在商号中的企业名称的保护,独立于商号的保护。

2. 企业名称或企业名称的个别元素可以被权利人用在属于他的商品商标和服务商标中。

包含在商品商标或服务商标中的企业名称的保护,独立于商品商标或服务商标的保护。

第二节　商品商标权和服务商标权

第1小节　一般规定

第1477条　商品商标和服务商标

1. 商品商标,即用于表示法人或个体经营者商品的个性化的标志,用商标证书(第1481条)予以证明,商标具有专用权。

2. 服务商标,即用于表示法人或个体经营者所完成工作或提供服务的个性化的标志。对服务商标,适用本法典关于商品商标的规则。

第1478条　商标专有权人

商标专有权人可以是法人或个体经营者。

第1479条　商标专有权在俄罗斯联邦境内的效力

商标已经在联邦知识产权行政机关进行注册的,以及在俄罗斯联邦签署的国际条约规定的其他情况下,其专有权在俄罗斯联邦境内有效。

第1480条　商标的国家注册

商标注册由联邦知识产权行政机关依照本法典第1503条和第1505条规定的程序登记在俄罗斯联邦商品商标和服务商标国

家注册簿(商标国家注册簿)中。

第1481条　商标证书

1. 对已经在商标(国家)注册簿注册的商标,发给商标证书。

2. 商标证书证明在证书里所指出的相关商品的商标优先权和商标专用权。

第1482条　商标的形式

1. 可以作为商标注册的形式包括:文字的、图形的、立体的或其他的标识或标识组合。

2. 商标可以用任何颜色或颜色组合进行注册。

第1483条　拒绝商标国家注册的依据

1. 不具有显著性或仅由以下元素组成的标识不允许作为商标进行国家注册:

(1)表示某类商品的通用名称的;

(2)成为公认的象征和术语的;

(3)描述商品的特征,包括在商标上指出种类、质量、数量、特性、用途、价值以及商品生产或销售时间、地点和方式的;

(4)商品本身的形状,该形状是由商品的专有或主要属性特征或用途所决定的。

如果上述元素在商标中不占据主要位置,则可以作为不受保护的元素包括在商标中。

——(2014年10月1日起失效)

(2014年3月12日第35－Ф3号联邦法修改)

1.1 本条第1款的规定不适用于以下标识:

(1)商标使用的结果获得了显著性;

(2)仅由本条第1款第(1)～(4)项指出的元素和元素的组合

构成的,获得了显著性。

(2014 年 3 月 12 日第 35 – Φ3 号联邦法新增)

2. 根据本法典第 1231.1 条的规定不应予以法律保护的相关客体的标识或者与该标识近似达到混淆的程度,不允许作为商标进行国家注册。

(2014 年 3 月 12 日第 35 – Φ3 号联邦法修改)

3. 不允许表示或含有下列元素的标识作为商标进行国家注册:

(1)虚假的、可能使消费者对商品或商品制造者产生误认的;

(2)违背公共利益、人道和道德原则的。

4. 如果要求将下述标识作为商标注册,但并非是以所有权人的名义,或未经所有权人或所有权人授权的人同意,则不允许将该标识作为商标进行国家注册,该标识与俄罗斯各民族文化遗产的特有价值客体、世界文化或自然遗产客体的官方名称和造型艺术品相同或相似以致混淆的;该标识与收藏馆、收集馆、基金会保存的有文化价值的造型艺术品相同或相似以致混淆的。

5. 依照俄罗斯联邦参加的国际条约,如果作为商标注册的标识将用于葡萄酒或酒精饮料的商标,而该商标本身或其元素是国际条约某一缔约国作为认证葡萄酒或酒精饮料的标志予以保护,该标志证明该葡萄酒和酒精饮料系源自其境内(系在该国地理客体范围内生产)并具有特殊品质、信誉或具有主要由来源地国决定的其他特性,而商标所要标识的葡萄酒或酒精饮料并非产自该缔约国地理客体范围内,则不允许该商标进行注册。

6. 与下列商标相同或近似达到混淆的程度的标识不得予以注册:

（1）与他人的已提出注册申请（第1492条）的相同商品，且具有更早优先权的商标，如果该商标的国家注册申请未被驳回，也未被视为驳回的，或者国家注册申请的驳回决定尚未通过。

（2014年3月12日第35－Φ3号联邦法修改）

（2）与在俄罗斯联邦境内，包括依照俄罗斯联邦参加的国际条约被保护的他人的相同商品，且具有更早优先权的商标。

（3）与他人的依照本法典规定的程序被认定为俄罗斯联邦的驰名商标商品相同，且比申请的标志具有更早优先权日期的商标。

（2014年3月12日第35－Φ3号联邦法修改）

对于相同商品，如果权利人同意，允许将与本款第1项第（1）项、第（2）项指出的任何商标近似达到混淆程度的标识作为商标注册。这样的注册不能出现引起消费者误认的后果，同意后权利人不能撤销。

（2014年3月12日第35－Φ3号联邦法修改）

本款第3段的规定不适用于与集体商标近似达到混淆程度的标识。

（2014年3月12日第35－Φ3号联邦法新增）

7. 在任何种类的商品上，均不允许与依照本法典受到保护的原产地名称相同或近似达到混淆程度的标识作为商标注册，以及同商标优先权日之前作为商标已申请注册的标志相同或近似。如果这个原产地名称或与该原产地名称相似达到混淆程度的标识作为不受保护的元素纳入到对该原产地名称享有专有权人的名义注册的商标中，如果商标注册在与已经注册的原产地名称都是为了相同商品的个性化而进行的，不受此限。

（2014年3月12日第35－Φ3号联邦法修改）

8. 在相同商品上,不得与在俄罗斯联邦受到保护的企业名称或商业标志(该企业名称或商业标志的个性元素)相同或近似达到混淆程度的标识作为商标注册;如果育种成果专有权在俄罗斯联邦的产生先于正在申请注册的商标,则不允许与已在受保护的育种成果注册簿注册的育种成果名称相同或近似达到混淆程度的标识作为商标注册。

9. 与下列各项相同的标识不得作为商标注册:

(1)截至商标注册申请之日(第1492条),俄罗斯联邦著名的科学、文学或艺术作品的名称,作品中的人物或引文,艺术作品或其部分,有关作品优先权的产生先于正在申请注册的商标又未经权利人的同意的;

(2)截至商标注册申请之日,俄罗斯联邦著名的人物的姓名(第19条)、化名(第1256条第1款和第1315条第1款)或由它们派生的标识、肖像或签名,未经本人或其继承人同意的;

(2014年3月12日第35-Ф3号联邦法修改)

(3)外观设计、相关权利的产生先于正在申请注册的商标优先权日期的相关标识。

(2010年10月4日第259-Ф3号联邦法修改)

本款规定也适用于与其中所述客体近似达到混淆程度的标识。

(2014年3月12日第35-Ф3号联邦法新增)

10. 如果标识是依据本法典保护的他人的个性化标识的元素,且与他人的个性化标识以及本条第9款所述的客体近似达到混淆的程度,则该标识不允许将其在相同商品上作为商标注册。

在本条第6款和本条第9款第(1)项、第(2)项规定的情况下，如果存在相应的同意，则允许将这些标识作为商标进行国家注册。

（2014 年 3 月 12 日第 35 – Φ3 号联邦法修改）

11. 存在本条规定的理由，对根据俄罗斯联邦参加的国际条约注册的商标也不提供法律保护。

（2014 年 3 月 12 日第 35 – Φ3 号联邦法新增）

第 2 小节　商标使用与商标专有权处分

第 1484 条　商标专有权

1. 以自己的名义注册了商标的人（权利人），享有依照本法典第 1229 条的规定以任何不与法律相抵触的方式，包括以本条第 2 款所列方式，使用商标的专用权（商标专有权）。权利人可以处分商标专有权。

2. 商标专有权可以用于实现商标注册所指定的商品、工作、服务的个性化。使用商标的方式包括：

（1）在商品生产、许诺销售、销售、展览和交易会或以其他方式在俄罗斯联邦境内进入民事流通或为此目的而进行保管或运输以及进口到俄罗斯联邦时，在商品上、商品标签上、商品包装上使用；

（2）在完成工作、提供服务时使用；

（3）在与商品进入民事流通有关的文件上使用；

（4）在销售商品、完成工作和提供服务的要约中使用，以及在宣传、招牌和广告中使用；

（5）在互联网，包括在域名和其他编址方式中使用。

3. 未经权利人许可，任何人无权在同类商品上使用将与权利人用于商品个性化的商标近似的标识，如果使用的结果产生混淆的可能性。

第 1485 条　商标保护标志

权利人为了宣告自己的商标专有权，有权使用商标保护标志。该标志置于商标旁，为拉丁字母 R ®，或使用标志“商标”或“注册商标”等文字标示，同时指出所使用的标志为在俄罗斯联邦境内受保护的商标。

第 1486 条　商标不使用的后果

1. 商标连续 3 年不使用的，受法律保护的用于商品个性化的注册商标，在全部商品或部分商品上可能提前终止。

利害关系人认为权利人没有将用于商品个性化的注册商标在其所指示的全部商品或部分商品上使用，可以向该权利人发出要约，建议其向联邦知识产权行政机关申请放弃该商标权或同利害关系人签订用于商品个性化而注册的针对全部商品或部分商品的商标专用权转让合同（以下称利害关系人的要约）。利害关系人的要约向权利人发出，以及按照商标国家注册簿指出的地址，或者按照俄罗斯联邦参加的国际条约规定的相应的注册簿指出的地址发出。

利害关系人的要约可以在商标国家注册之日起 3 年期限届满后向权利人发出。

如果自利害关系人发出要约之日起 2 个月内，权利人没有提出放弃商标权的申请，也没有与利害关系人签订商标专用权转让协议，则在上述 2 个月期限届满后的 13 天内，利害关系人有权向法院提起由于权利人不使用而提前终止受法律保护的商标的诉讼请求。

利害关系人可以在自上次发出要约之日起 3 个月期限届满后

向商标权人发出利害关系人的新要约。

在利害关系人向权利人发出要约之日前的3年期限内，如果权利人连续不使用用于商品个性化的注册商标，法院将作出因其不使用而提前终止商标法律保护的裁决。

商标法律保护自法院裁决发生法律效力之日终止。

（2017年7月1日第147－Φ3号联邦法修改）

2. 本条中的商标使用，是指权利人或根据许可合同依照本法典第1489条取得使用权的人以及在权利人监督下使用商标的人使用商标，并且商标的使用是依照本法典第1484条第2款的规定进行的，但有关行为与商品进入民事流通无直接关系的情形除外。改变商标的个别元素，如果没有构成商标的实质性改变，且没有限制对商标提供的法律保护，则构成本条所指的商标使用。

（2014年3月12日第35－Φ3号联邦法修改）

3. 商标使用的证明义务由权利人承担。

在解决商标由于未使用而提前终止其法律保护的问题时，应注意权利人提出证明商标由于其意志以外的原因而未使用的情况。

4. 商标法律保护的终止，即表示该商标专有权的终止。

第1487条　商标专有权的用尽

对于已在俄罗斯联邦境内直接由权利人或经权利人同意而进入民事流通的商品，其他人使用该商标标注的商品，不是侵犯商标专用权的行为。

第1488条　商标专有权转让合同

1. 根据商标专用权转让合同，一方（权利人）向另一方即专用权取得人全部转让或承担义务全部转让属于他的用于商品个性化而注册的指定于全部商品或部分商品的商标专有权。

2. 如果商标专有权的转让可能导致消费者对商品或商品制造者产生误认,则不允许依合同转让商标专有权。

3. 如果商品原产地名称作为不受保护的元素包括在商标中,而该原产地名称在俄罗斯联邦境内已经享有法律保护(第1483条第7款),则只有在获得了该原产地名称专有权时,才允许转让商标专有权。

第1489条　授予商标使用权许可合同

1. 据根商标使用许可合同,一方即该商标专有权所有人(许可人)向另一方(被许可人)授予在合同指明的确定范围使用商标的权利。如果没有指明范围,则授予在注册商标所针对的全部商品或部分商品上使用。

(2014年3月12日第35-ФЗ号联邦法修改)

1.1 授予商标使用权的许可合同必须包含本法典第1235条第6款规定的条件,以及授予商标使用权相关的商品清单。

(2014年3月12日第35-ФЗ号联邦法新增)

2. 被许可人必须保证他们所生产和销售的被许可的商标指示的商品符合许可人规定的质量要求。许可人有权对上述条件的遵守进行监督。如果被许可人是商品制造者,许可人和被许可人对上述要求承担连带责任。

3. 如果商品原产地名称作为不受保护的元素包含在商标中,而该原产地名称在俄罗斯联邦境内已经享有法律保护(第1483条第7款),则只有在被许可人对该原产地名称享有专有权时,才允许授予商标使用权。

(2014年3月12日第35-ФЗ号联邦法修改)

第 1490 条　商标专有权处分合同的形式和商标专有权移转、抵押及授予商标使用权的国家注册

（2014 年 3 月 12 日第 35－Φ3 号联邦法修改）

1. 商标专用权转让合同、许可合同，以及实施对商标专用权处分的其他合同，应以书面形式签订。未遵守书面形式的，合同无效。

2. 商标专用权的转让和抵押，依合同授予商标的使用权，无合同的商标专用权的移转，应依照本法典第 1232 条规定的程序进行国家注册。

第 1491 条　商标专有权的有效期

1. 商标专有权自向联邦知识产权行政机关提交的商标注册申请的日期起 10 年内有效，或者自分申请商标注册的首次提交申请的日期起 10 年内有效。

（2014 年 3 月 12 日第 35－Φ3 号联邦法修改）

2. 商标专有权的有效期可以根据权利人在该有效期的最后一年提出的申请续展 10 年。

续展商标专有权有效期的次数不限。

根据权利人的请求，在商标专有权有效期届满后可以提供 6 个月的宽展期用以提出上述申请。

（2014 年 3 月 12 日第 35－Φ3 号联邦法修改）

3. 联邦知识产权行政机关应将商标专有权有效期续展事项记入商标国家注册簿和商标证书。

第 3 小节　商标国家注册

第 1492 条　商标申请

1. 商标国家注册申请（商标申请）由法人或个体经营者（申请

人)向联邦知识产权行政机关提出。

2. 商标申请应仅涉及一个商标。

3. 商标申请书应该包含以下内容:

(1)要求将标识作为商标进行国家注册的申请,并指明申请人、申请人的住所地或所在地;

(2)申请注册的标识;

(3)要求商标国家注册所指定的商品清单,该商品在国际商品、服务分类中用于商标注册的类别;

(4)申请注册的标识的描述。

4. 商标注册申请书应由申请人签字,在通过专利代理人或其他代理人提出申请时,应由申请人或提出申请的代理人签字。

5. 如果提交的申请是针对集体商标(第1511条第1款),则商标申请应附具集体商标章程。

(2014年3月12日第35-Φ3号联邦法修改)

6. 商标申请应用俄语提交。

商标注册申请所附具的文件可以用俄语或其他语言提交。如果这些文件是用其他语种提交的,则在商标申请中还应附具这些文件的俄语译文。俄语译文可以由申请人在联邦知识产权行政机关发出必须完成上述要求的通知之日起2个月内提交。

7. 对商标申请书中的文件和申请书附具的文件提出的要求,由在知识产权领域从事规范性法律调整的联邦行政机关规定。

8. 联邦知识产权行政机关收到本条第3款第(1)~(3)项所规定文件的日期视为提出商标申请之日。如果上述文件未同时提交,则以最后一份文件收到的日期为商标申请之日。

第 1493 条　商标申请文件的知情权

1. 在商标注册申请提交联邦知识产权行政机关以后，任何人均有权了解申请文件。

联邦知识产权行政机关应当在官方公报上公布提交的商标申请信息。

在商标申请信息公布之后，商标国家注册作出决定之前，任何人都有权向联邦知识产权行政机关以书面形式提出异议，其中包含的理由为申请的标识不符合本法典第 1477 条和第 1483 条的要求。

（2014 年 3 月 12 日第 35 – Ф3 号联邦法修改）

2. 了解商标申请文件和提供上述文件副本的程序由在知识产权领域从事规范性法律调整的联邦行政机关规定。

第 1494 条　商标的优先权

1. 商标的优先权按照向联邦知识产权行政机关提交商标注册申请的日期确定。

2. 申请人依照本法典第 1502 条第 2 款的规定，根据该申请人的另一商标申请（初始申请）对同一标识提出的商标申请（分申请）的优先权根据向联邦知识产权行政机关提出初始申请的日期确定，而如果根据初始申请存在更早的优先权，则按照该优先权确定，条件是截至分申请提出之日，初始申请并未撤回也未被视为撤回，而分申请在初始申请通过决定之前提出。

第 1495 条　商标的公约优先权与展览优先权

1. 商标的优先权可以按照首次向《保护工业产权巴黎公约》的成员国提出商标申请的日期确定（公约优先权），条件是在上述日期起 6 个月内向联邦知识产权行政机关提出商标申请。

2. 在《保护工业产权巴黎公约》成员国境内组织的官方或官方承认的国际展览会的展品上使用的商标的优先权,可以按照展品在展览会首次公开展出的日期确定(展览优先权),条件是在上述日期起6个月内向联邦知识产权行政机关提出商标申请。

3. 申请享有公约优先权或展览优先权的申请人,有义务在提交商标申请时或者在向联邦知识产权行政机关提出商标申请之日起的2个月内提出并附具证明该请求合法性的必要文件,或者在商标申请提交之日起的3个月内向上述联邦行政机关提交这些文件。

4. 商标优先权可以按照俄罗斯联邦参加的国际条约进行商标国际注册的日期确定。

第1496条　商标优先权日期重合的后果

1. 如果不同申请人对全部或部分重合的商品清单提出申请相同商标申请,且这些申请具有相同的优先权日,则对上述清单重合的商品所申请的商标,只能根据申请人之间的协议以一个申请人的名义注册。

2. 如果同一申请人对全部或部分重合的商品清单提出了相同的商标申请,且这些申请具有相同的优先权日,则对上述清单重合的商品所申请商标,只能按照申请人所选择的一个申请进行注册。

3. 如果不同申请人提出相同商标的注册申请(本条第1款),则申请人应在联邦知识产权行政机关发出有关通知之日起的7个月内向该机关报告他们就商标应注册到何人名下达成的协议。同一人提出相同商标注册申请的,亦应在该期限内将自己的选择报告上述机关(本条第2款)。

(2014年3月12日第35－Ф3号联邦法修改)

如果在规定期限内联邦知识产权行政机关没有收到上述通知或关于延长规定期限的申请，则商标申请根据该联邦行政机关的决定视为已经撤回。

第1497条　商标申请的审查和申请文件的修改

1. 商标申请的审查由联邦知识产权行政机关进行。

申请的审查包括形式审查和作为商标申请标识（申请标识）的审查。

2. 在商标注册申请审查期间，直至对申请作出决定之前，申请人有权对申请材料进行补充、说明或修改，也可以提交补充材料。

如果补充材料中含有截至提出申请之日申请书中没有的商品清单，或者申请的商标标识有重大改变，则对补充材料不予受理。补充材料可以由申请人办理手续作为独立的商标申请提出。

3. 商标申请中关于申请人的信息的修改，包括在发生商标注册权的转让或移转的情况下或者由于申请人名称或姓名的变更而进行上述修改，以及对注册申请文件中明显的或技术性的错误进行更正，均可以在商标国家注册（第1503条）之前或者在国家注册被驳回的决定作出之前进行。

（2014年3月12日第35－Ф3号联邦法修改）

4. 在进行商标申请的审查期间，联邦知识产权行政机关有权向申请人索要审查必需的补充材料。

申请人应当在联邦知识产权行政机关发出要求函之日起3个月内提交补充材料，或者在联邦知识产权行政机关发出要求函之日起2个月内提交与申请材料对应的复印件。如果申请人在上述期限内不提交补充材料，也不提出延长提交材料的期限的申请，则商标申请根据联邦知识产权行政机关的决定视为已经撤回。根据申请人的申请,提交补充材料的期限可以由上述联邦机关延长,但延长的时间不得超过6个月。

(2014年3月12日第35-Φ3号联邦法修改)

如果补充材料中含有截至提出申请之日申请书中没有的商品清单,或者申请的商标标识有重大改变,则对补充材料适用本条第2款的规定。

第1498条　商标申请形式审查

1. 商标申请的形式审查,在向联邦知识产权行政机关提出申请之日起的1个月内进行。

2. 在进行商标申请的形式审查时,应审查是否具备必要的文件和这些文件是否符合规定的要求。根据形式审查的结果,对申请予以受理或作出驳回的决定。关于形式审查的结果,联邦知识产权行政机关应通知申请人。

如果形式审查的结果是肯定的,将在审查结果通知申请人的同时,还应通知依照本法典第1492条第8款的规定确定的申请日。

第1499条　作为商标申请的标识审查

1. 作为商标申请的标识审查(申请标识审查)依照已经通过形式审查的结果被接受的申请进行。

在进行审查的过程中应审查标识是否符合本法典第1477条、第1483条第1~7款、第9款第3项(外观设计部分)、第10款(个性化标识和外观设计部分)的要求,并确定商标优先权。

(2014年3月12日第35-Φ3号联邦法修改)

依据本法典第1493条第1款第3项在收到异议的情况下,在异议理由中包含有不遵守本法典第1477条和第1483条的规定对申请标识的要求,则对申请标识予以审查时,应考虑异议的理由。

(2014 年 3 月 12 日第 35 – Φ3 号联邦法新增)

2. 根据申请标识审查的结果,联邦知识产权行政机关作出商标国家注册的决定或不予注册的决定。根据俄罗斯联邦参加的国际条约,依商标审查的结果,联邦知识产权行政机关作出在俄罗斯联邦境内对商标提供法律保护或不提供法律保护的决定。

(2014 年 3 月 12 日第 35 – Φ3 号联邦法修改)

3. 在商标国家注册驳回决定作出前或在提交申请的商品清单里包含的部分商品或根据本法典第 1497 条第 2 款的规定申请人修改后的商品清单商标予以国家注册的决定作出前,应向申请人发出关于标识是否符合本条第 1 款第 2 项要求审查结果的书面通知,同时建议申请人对通知提出的问题说明理由。如果这些理由是向申请人送交上述书面通知之日起的 6 个月内提出的,则就标识审查结果作出决定时应考虑申请人说明的理由。

(2014 年 3 月 12 日第 35 – Φ3 号联邦法修改)

4. 有下列情形之一的,关于商标国家注册的决定可以由联邦知识产权行政机关在商标注册之前进行复审。

(1)收到依照本法典第 1494 条、第 1495 条和第 1496 条的规定具有更早优先权,在同类商品上与该申请的标识相同或近似达到混淆程度的申请。

(2)已作为商品原产地名称予以国家注册的标识与注册决定中的商标相同或近似达到混淆程度;

(3)出现相同的商标申请或出现在商品清单全部或部分重合且具有更早优先权受保护的相同商标;

(4)申请人的变更在将申请标识作为商标进行国家注册时可

能导致消费者对商品或商品制造者产生误认。

第1500条　对商标申请决定的异议

1. 对于联邦知识产权行政机关不予受理商标申请审查、商标国家注册、商标不予注册的决定以及认定商标注册申请视为撤回的决定，根据俄罗斯联邦参加的国际条约在俄罗斯联邦境内提供法律保护或不提供法律保护的决定，申请人可以在相关决定发出之日起4个月内通过向联邦知识产权行政机关提出异议进行质疑。或者如果申请人自相关决定发出之日起2个月内索要对申请不利的材料的复印件，则申请人可在材料复印件发出之日起4个月内通过向联邦知识产权行政机关提出异议进行质疑。

（2014年3月12日第35－Φ3号联邦法修改）

2. 在联邦知识产权行政机关审议异议期间，如果修改是能排除商标不能注册的唯一理由，而修改之后就有可能作出商标注册的决定，则申请人可以对商标注册申请进行本法典第1497条第2款和第3款允许的修改。

（2014年3月12日第35－Φ3号联邦法修改）

第1501条　恢复商标申请审查延误后的期限

（2014年3月12日第35－Φ3号联邦法修改）

1. 本法典第1497条第4款和第1500条第1款规定的期限，被申请人延误的，如果申请人说明期限未被遵守的原因，联邦知识产权行政机关依据申请人的请求可以恢复，自该期限届满之日提供起6个月的期限。申请人向上述联邦机关提出对延误期限恢复的请求的同时，提交依照本法典第1497条第4款要求的材料。或者在提出延长提交材料时间的申请或者根据本法典第1500条向联邦知识产权行政机关提出异议的同时，提交恢复延误期限的申请。

2. 本法典第1497条第4款规定的期限的恢复，根据本章规定基于联邦知识产权行政机关的决定实施，该决定是关于承认驳回申请的决定和恢复延误期限的决定。

第1502条　商标申请的撤回和从申请中分出另一申请

1. 商标申请可以由申请人在商标申请审查的任何阶段予以撤回，但不得迟于商标国家注册日期。

2. 在进行商标申请的审查期间，或者联邦知识产权行政机关对商标国家注册的决定的异议的审查期间，或者基于第1483条第6款通过的商标国家注册驳回的审查期间，申请人有权利在审查决定作出之前，就该标识向联邦知识产权行政机关提出分申请，该申请所列商品的清单与初始申请所列商品清单属不同类别，而初始申请仍然有效。

（2014年3月12日第35－Φ3号联邦法修改）

第1503条　商标国家注册程序

1. 基于本法典第1499条第2款和第4款或者第1248条规定的程序通过的商标国家注册决定，联邦知识产权行政机关自申请人交纳商标国家注册和颁发证书的费用之日起的1个月内在商标国家注册簿中进行商标国家注册。

（2014年3月12日第35－Φ3号联邦法修改）

列入商标国家注册簿的信息包括：商标、关于权利人的信息、商标优先权日期、注册商标个性化的商品清单、商标国家注册日期、涉及商标国家注册的其他信息，以及以后对上述信息的变更。

2. 如果申请人未按照本条第1款规定的程序交纳费用，则不予商标国家注册，相关申请视为根据联邦知识产权行政机关的决定被撤回。

在依据本法典第 1248 条规定的程序对商标注册的决定提出异议的情况下，不得就视为被撤回申请作出决定。

(2014 年 3 月 12 日第 35 – Φ3 号联邦法修改)

第 1504 条　商标证书的颁发

1. 商标证书由联邦知识产权行政机关自商标在商标国家注册簿进行国家注册之日起的 1 个月内颁发。

2. 商标证书的格式和其中的诸项信息，由在知识产权领域从事规范性法律调整的联邦行政机关规定。

第 1505 条　商标国家注册簿和商标证书的修改

1. 联邦知识产权行政机关根据权利人的申请，对商标国家注册簿和颁发的商标注册证书中与商标注册信息相关的内容进行修改，包括权利人、权利人的名称、姓名、住所地或居住地、通迅地址的变更，修改减少的注册商标个性化的商品或服务清单，没有改变商标实质的商标单个元素的变更，以及修改明显的和技术的错误。

(2014 年 3 月 12 日第 35 – Φ3 号联邦法修改)

2. 在对国家注册的商标获得法律保护有争议时(第 1512 条)，而该商标对几种商品有效，根据权利人的申请可以将该商标从原始注册指明的商品数量中分立出来另行注册在一种商品或部分商品上，而不同种类商品的清单仍然留在初始注册中。权利人可以在有关商标的争议审理结果作出之前提出此种申请。

3 ~4. ——(自 2014 年 10 月 1 日起失效)

(2014 年 3 月 12 日第 35 – Φ3 号联邦法修改)

第 1506 条　商标国家注册信息的公布

商标国家注册的信息和按照本法典第 1503 条的规定列入商标国家注册簿中的信息，由联邦知识产权行政机关在注册商标列入商标国家注册簿之后或者在相应的变更列入商标国家注册簿之后在官方公报上立即公布。

第 1507 条　商标在外国注册和商标的国际注册

1. 俄罗斯联邦的法人和俄罗斯联邦公民有权在外国进行商标注册或进行商标的国际注册。

2. 商标国际注册申请可以通过联邦知识产权行政机关提出。

第 4 小节　驰名商标法律保护的特殊性

第 1508 条　驰名商标

1. 如果权利人提出申请，认为自己所使用的商标或作为商标使用的标志在俄罗斯属于驰名商标或标志，而商标在俄罗斯联邦境内因其国家注册或按照俄罗斯联邦参加的国际条约而受到保护，或标志虽作为商标使用，但在俄罗斯联邦境内并不享有法律保护，商标或标志由于频繁使用而截至申请之日起在俄罗斯联邦已为申请人商品有关消费者所广泛知晓，则该商标或作为商标使用的标志可以由联邦知识产权行政机关作出决定被认定为驰名商标。

商标或作为商标使用的标志如果与他人预先用于同类商品上的商标相同或近似达到混淆程度，并在该商标的优先权日期之后才被广泛知晓，则不能被认定为驰名商标。

2. 驰名商标享有本法典对商标规定的法律保护。

对驰名商标提供法律保护，即确认驰名商标的专有权。

驰名商标受到无期限法律保护。

3. 如果他人对上述商品使用该商标可能使消费者联想到驰名商标专有权人并可能因此损害权利人的合法利益，驰名商标的法律保护也及于使用该驰名商标所针对的商品不同类别的商品。

第 1509 条　驰名商标的法律保护

1. 根据联邦知识产权行政机关依照本法典第 1508 条第 1 款所作出的决定而给予驰名商标以法律保护。

2. 被认定为驰名商标的,应由联邦知识产权行政机关列入俄罗斯联邦驰名商标名录(《驰名商标名录》)。

3. 联邦知识产权行政机关在商标列入驰名商标名录之日起的 1 个月内颁发驰名商标证书。

驰名商标证书的格式和内容由在知识产权领域从事规范性法律调整的联邦行政机关规定。

4. 联邦知识产权行政机关应在商标列入驰名商标名录之后立即在官方公报上公布驰名商标的信息。

第 5 小节　集体商标法律保护的特殊性

第 1510 条　集体商标权

1. 只要团体的成立和活动不与设立国的立法相抵触,则该团体可以在俄罗斯联邦注册集体商标。

集体商标是用以标志加入该团体的成员所生产或销售的并具有同一品质特性或其他共同特性的商品的商标。

集体商标可以被加入该团体的每个成员使用。

2. 集体商标权不得转让,也不得成为许可合同的标的。

3. 加入注册集体商标团体的成员,有权在使用集体商标的同时使用自己的商标。

第 1511 条　集体商标的国家注册

1. 向联邦知识产权行政机关提出的集体商标注册申请应该附

有集体商标章程，该章程的内容包括：

(1)有权在自己名下注册集体商标的团体(权利人)的名称；

(2)有权使用该集体商标的成员名单；

(3)注册集体商标的目的；

(4)集体商标所标注的商品清单和商品所具有的同一品质特性或其他共同特性；

(5)集体商标的使用条件；

(6)对集体商标使用情况的监督办法；

(7)违反集体商标章程的责任规定。

2. 作为对本法典第1503条和第1504条所规定信息的补充，享有集体商标使用权的成员信息，应列入商标国家注册簿和集体商标证书。这些信息，以及集体商标章程中关于使用该集体商标的商品所具有的同一品质特性或其他共同特性的信息内容，应由联邦知识产权行政机关在其官方公报上公布。

关于集体商标章程的修订，权利人应通知联邦知识产权行政机关。

3. 如果使用集体商标的商品不具有同一品质特性或其他共同特性，则根据任何利害关系人的请求，经法院作出判决，集体商标的法律保护可以完全或部分提前终止。

4. 集体商标和集体商标注册申请可以转换为商标和商标注册申请，反之，商标和商标注册申请也可以转换为集体商标和集体商标注册申请。转换办法由在知识产权领域从事规范性法律调整的联邦行政机关规定。

第6小节　商标专有权的终止

第1512条　对商标提供法律保护提出异议和认定无效的根据

1. 对商标法律保护提出异议，是指对联邦知识产权行政机关的商标注册决定（第1499条第2款）和对根据该决定而产生的商标专有权（第1477条和第1481条）提出议异。

认定商标法律保护无效将导致联邦知识产权行政机关的商标注册决定被撤销。

2. 有下列情形之一的，可以对商标法律保护提出异议并认定无效：

（1）商标的法律保护违反本法典第1483条第1～5款、第8款和第9款的规定的，在商标专有权有效期内提出，要求全部或部分无效；

（2）商标的法律保护违反本法典第1483条第6款、第7款和第10款的规定的，自商标国家注册的信息在官方公报上公布（第1506条）之日起的5年内提出，要求全部或部分无效；

（2014年3月12日第35－ФЗ号联邦法修改）

（3）商标的法律保护违反本法典第1478条的规定的，在商标专有权有效期内提出，要求全部无效；

（4）如果驰名商标依照本法典第1508条第3款的规定受法律保护，提供法律保护的商标比驰名商标具有更晚优先权的，可在法律保护的有效期限内提出，要求全部无效；

（5）如果违反《保护工业产权巴黎公约》的要求，在成员国以其代理人或者代表人的名义，成为商标专有权的所有人而为其提供法律保护的，在商标专有权有效期内提出，要求全部无效；

(6)如果给予商标法律保护的权利人的行为或另一个商标与法律保护的商标近似达到混淆程度,按照规定的程序被认定为权利滥用或不正当竞争,在法律保护期间内提出,要求全部或部分无效;

(2014 年 3 月 12 日第 35 – Φ3 号联邦法新增)

(7)商标的法律保护违反本法典第 1496 条第 3 款的规定的,在法律保护的有效期内提出,要求全部或部分无效。

本款第(1) ~ (3)项规定的适用应考虑到包括提出异议的日期的情况(第 1513 条)。

(2014 年 3 月 12 日第 35 – Φ3 号联邦法新增)

3. 如果在俄罗斯联邦注册予以驰名商标法律保护违反了本法典第 1508 条第 1 款的规定,则在该商标专有权的效力期限内可提出异议,要求全部或部分无效。

4. 根据俄罗斯联邦参加的国际条约,商标在俄罗斯联邦境内注册并提供法律保护的,可以根据本条第 2 款的规定提出异议,要求确认无效。

(2014 年 3 月 12 日第 35 – Φ3 号联邦法新增)

第 1513 条　对商标法律保护提出异议和认定法律保护无效的程序

1. 对商标的法律保护有异议的,可以按照本法典第 1512 条的规定向联邦知识产权行政机关提出。

(2014 年 3 月 12 日第 35 – Φ3 号联邦法修改)

2. 按照本法典第 1512 条第 2 款第(1) ~ (4)、(6)、(7)项和第 3 款的规定对商标法律保护的异议,可以由利害关系人提出。

(2014 年 3 月 12 日第 35 – Φ3 号联邦法修改)

3. 按照本法典第 1512 条第 2 款第(5)项的规定对商标法律保护的异议,可以由有利害关系的《保护工业产权巴黎公约》成员国内的商标专有权所有人提出。

(2014 年 3 月 12 日第 35 – Ф3 号联邦法修改)

——(自 2014 年 10 月 1 日起失效)

(2014 年 3 月 12 日第 35 – Ф3 号联邦法修改)

4. 联邦知识产权行政机关关于认定商标法律保护无效的决定或驳回认定商标法律保护无效的决定,依照本法典第 1248 条的规定生效,对上述决定可以向法院提起诉讼。

5. 在确认商标法律保护全部无效的情况下,商标证书和商标国家注册簿的记载应予以删除。

如果确认商标法律保护部分无效,则应颁发新的商标证书和将相应更变记入商标国家注册簿。

6. 在确认商标法律保护无效的决定作出前签订的许可使用合同,在作出决定之前已经履行的部分仍然有效。

第 1514 条　商标法律保护的终止

1. 商标法律保护在下列情况下终止:

(1)商标专用权有效期届满;

(2)根据法院依照本法典第 1511 条第 3 款规定的因不具有同一品质特性或其他共同特性的商品使用集体商标而作出提前终止该集体商标法律保护的判决;

(3)依照本法典第 1468 条规定的因商标不使用而作出的关于提前终止商标法律保护的决定;

(4)根据任何人的申请,联邦知识产权行政机关因作为权利人的法人终止或作为权利人的个体经营者公民注册活动终止而作出

提前终止商标法律保护的决定;

(2014 年 3 月 12 日第 35 – Φ3 号联邦法修改)

(5)权利人放弃商标权;

(6)联邦知识产权行政机关根据利害关系人的申请因商标成为特定种类商品的通用名称而作出提前终止商标法律保护的决定。

2. 驰名商标的法律保护因本条第 1 款第(3) ~ (6)项规定的情形而终止;在驰名商标丧失本法典第 1508 条第 1 款第(1)项规定的特征时,可以根据联邦知识产权行政机关的决定而终止。

3. 在未同权利人签订合同而移转商标专用权(第 1214 条)的情况下,如果能够证明此种移转可能导致消费者对商品或商品制造者的误认,则商标的法律保护可以根据利害关系人提起的诉讼,由法院判决而终止。

4. 商标法律保护的终止表示商标专有权的终止。

5. 在俄罗斯联邦境内根据俄罗斯联邦参加的国际条约注册的商标的法律保护,依照本条规定的理由和程序终止。

(2014 年 3 月 12 日第 35 – Φ3 号联邦法新增)

第 7 小节　商标权的保护

第 1515 条　非法使用商标的责任

1. 商品、商品标签、商品包装上非法使用商标或使用与商标近似达到混淆程度的标志,是商标侵权。

2. 权利人有权要求非法使用商标或与商标近似达到混淆程度的标志的侵犯商标权的商品、商品标签和商品包装退出流通并予以销毁,费用由侵权人负担。如果这种商品投入流通是公共利益所必需，则权利人有权要求从侵权商品、商品标签、商品包装上去除非法使用的商标或与商标近似达到混淆程度的标志，费用由侵权人负担。

3. 在完成工作和提供服务时侵犯商标专有权的人，应从完成工作或提供服务有关的材料上去除商标或与商标近似达到混淆程度的标志，包括文件、广告、标牌。

4. 权利人有权根据自己的选择要求侵权人用支付补偿金代替赔偿损失，补偿金数额如下：

(1) 由法院根据侵权行为的性质裁量，数额为 1 万卢布至 500 万卢布；

(2) 非法使用商标的商品价值的 2 倍，或商标使用权价值的 2 倍，而商标使用权价值按照可比情况下合法使用商标通常应收取的价格计算。

5. 对抢先使用未在俄罗斯联邦注册的商标的人，依照俄罗斯联邦立法规定的程序承担责任。

第三节　商品原产地名称权

第 1 小节　基 本 规 定

第 1516 条　商品原产地名称

1. 受法律保护的商品原产地名称，是本身就是或含有现代的或历史的、官方的或非官方的、全面的或简略的国家名称、城市或乡村名称、地区名称或其他地理客体的名称的标志，以及由上述名称派生出来的标志。这些标志由于用于其特殊品质仅取决于或主要取决于该地理客体所特有的自然条件和(或)人文因素的商品上而驰名。可以承认这种商品的生产者享有使用该名称的专有权(第1229条和第1519条)。

本款的规定适用于能够识别某商品来源于一定区域地理客体的标志,尽管不包含该客体名称,但该标志由于使用在特殊品质符合本款第1段所述要求的商品上而知名。

(2010年10月4日第259-ФЗ号联邦法修改)

2. 如果标志虽然本身就是或者含有地理客体名称,但在俄罗斯联邦被普遍使用是作为一定种类商品的标志,这种使用与商品的产地没有联系,则不得视为商品原产地名称。

第1517条 使用商品原产地名称的专有权在俄罗斯联邦境内的效力

1. 联邦知识产权行政机关注册的商品原产地名称,以及在俄罗斯联邦参加的国际条约规定的其他情况下,使用商品原产地名称的专有权在俄罗斯联邦境内有效。

2. 如果位于外国的地理客体的名称在商品生产国作为商品原产地名称受到保护,则允许该名称作为商品原产地名称进行国家注册。使用商品原产地名称专有权所有人只能是在商品生产国被保护有权使用该名称的人。

第1518条 商品原产地名称的国家注册

1. 商品原产地名称因该名称的国家注册而被承认和受到保护。

商品原产地名称可以由一个或几个公民或法人进行注册。

2. 注册商品原产地名称的人,如果生产的商品符合本法典第1516条第1款的规定,则通过证书认证或证书授予使用原产地名称的专有权。

(2014 年 3 月 12 日第 35－Φ3 号联邦法修改)

对同一名称的商品原产地名称专有权可以授予在该地理客体范围内生产具有相同特殊品质的商品的任何人。(第 1516 条第 1 款)

(2014 年 3 月 12 日第 35－Φ3 号联邦法修改)

第 2 小节　商品原产地名称的使用

第 1519 条　商品原产地名称专有权

1. 依照本法典第 1229 条的规定,享有以任何不与法律相抵触的方式,包括以本条第 2 款规定的方式,使用商品原产地名称的专有权(商品原产地名称专有权)属于权利人。

2. 以下行为视为商品原产地名称的使用:

(2014 年 3 月 12 日第 35－Φ3 号联邦法修改)

(1)在生产、许诺销售、销售、展览会或交易会上展示或以其他方式在俄罗斯联邦境内进入民事流通时,或者在为此目的而进行保管或运输商品时,或者在进口到俄罗斯联邦境内时,在商品、商品标签、商品包装上使用;

(2)在与商品进入民事流通有关的表格、账单、其他文件和出版物上使用;

(3)在销售商品的要约邀请以及在布告、招牌和广告中使用;

(4)在互联网上使用,包括在域名中或其他编址方式中使用。

3. 不允许没有相关证书的人使用已经注册的商品原产地名称,即使指出商品的真正产地或使用产地名称的译文,同时加上"种""类型""仿"和类似字样的词。在任何商品上使用近似可能导致消费者对商品产地和商品特殊品质误认的标志等(非法使用商品原产地名称)情况下,均不允许使用原产地名称。

在商品、商品标签、商品包装上非法使用商品原产地名称的或与商品原产地名称近似达到混淆程度的标志,是侵权行为。

4. 不允许以向他人转让或提供使用权的方式处分商品原产地名称的专有权。

第 1520 条　商品原产地名称的保护标志

商品原产地名称证书的所有人为了表明自己的专有权,可以在使用商品原产地名称的同时,使用“注册商品原产地名称”字样的文字标识或“注册 НМПТ”字样,说明所使用的标志是在俄罗斯联邦注册的商品原产地名称。

第 1521 条　商品原产地名称法律保护的效力

1. 商品原产地名称在有可能生产其特殊品质仅取决于或主要取决于有关地理客体所特有的自然条件和(或)人文因素的商品(第 1516 条)的期间均受到保护。

2. 商品原产地名称专有权证书的有效期和延长该期限的程序由本法典第 1531 条规定。

第 3 小节　商品原产地名称国家注册和授予商品原产地名称专有权

第 1522 条　商品原产地名称申请

1. 商品原产地名称国家注册和商品原产地名称专有权的申请,以及对已经注册的原产地名称专有权的申请(商品原产地名称申请)向联邦知识产权行政机关提出。

2. 商品原产地名称注册申请应针对一个商品原产地名称。

商品原产地名称国家注册和授予该名称专有权可以由一人或

若干人提出。

（2014 年 3 月 12 日第 35－ФЗ 号联邦法修改）

3. 商品原产地名称申请书应该包括以下内容：

（1）商品原产地名称国家注册和授予该名称专有权的申请或仅要求对已经注册的商品原产地名称授予专有权的申请，指明申请人、申请人的居住地或住所地；

（2）申请注册的标志；

（3）要求进行国家注册的商品原产地名称及提供商品原产地名称专有权或仅要求对已经注册的商品原产地名称提供专有权等申请所涉及的商品；

（4）指出商品的原产（生产）地（地理客体疆界）、特有的或主要的或能够决定商品的特殊品质的地理客体所特有的自然条件和（或）人文因素；

（5）商品特殊品质描述。

4. 商品原产地名称申请书应由申请人签字，而在通过专利代理人或其他代理人提出申请的情况下，应由申请人或申请人的代理人签字。

5. 如果申请作为商品原产地名称的地理客体位于俄罗斯境内，则申请书应附有俄罗斯联邦政府授权的执行机关（授权机关）的结论意见，该意见说明申请人生产的商品在该地理客体的边界，所具有的特殊品质取决于或主要取决于该地理客体所特有的自然条件和（或）人文因素。（第 1516 条第 1 款）

如果商品原产地名称的国家注册并对该名称授予专有权的申请是由若干人提出，则申请书应附有本款第 1 段所述的结论意见。

如果申请要求对已经注册的俄罗斯联邦境内的商品原产地名

称授予专有权，则申请书应该附有授权机关作出的结论意见，说明申请人生产的商品在该地理客体的边界，该商品具有俄罗斯联邦商品原产地名称注册簿（原产地名称注册簿）（第1529条）所指出的特殊品质。

如果本款第（1）项、第（2）项、第（3）项所指出的结论意见没有向申请人提供，联邦知识产权行政机关应要求授权机关提供上述结论或包含上述信息意见。

授权机构应对已登记商品原产地名称所指示的商品特殊品质的保持实施监督。

如果地理客体（其名称作为商品原产地名称）位于俄罗斯联邦境外，则申请书应附有一份证明申请人有权在商品生产国获得商品原产地名称的文件。

（2014年3月12日第35－Φ3号联邦法修改）

6. 商品原产地名称注册申请应该用俄文提交。

申请书所附具的文件可以用俄语或其他语言提交。如果这些文件用其他语言提交，则申请书应附具文件的俄语译文。申请人的俄语译文可以在收到联邦知识产权行政机关作出的必须履行该要求的通知之日起2个月内提交。

7. 对包含在商品原产地名称注册申请中的文件或者附具文件（申请文件）的要求，由在知识产权领域从事规范性法律调整的联邦行政机关规定。

8. 联邦知识产权行政机关收到本条第3款所列文件的日期视为提出商品原产地名称注册申请的日期，如果上述文件不是同时提交的，则收到最后文件之日为商品原产地名称注册申请的日期。

9. 联邦知识产权行政机关在官方公报上公布有关商品原产地

名称提交申请的信息,但包含商品特殊品质描述的信息除外。

申请信息公布之后,作出商品原产地名称国家注册并授予该名称专有权的决定或驳回商品原产地名称国家注册和(或)授予该名称专有权之前,任何人有权向联邦知识产权行政机关以书面形式提出异议,异议请求应包含反对为商品原产地名称提供法律保护或反对授予商品原产地名称专有权的理由。

(2014年3月12日第35-Φ3号联邦法新增)

第1523条　商品原产地名称申请的审查和申请文件的修改

1. 商品原产地名称申请的审查由联邦知识产权行政机关进行。

申请审查包括形式审查和作为商品原产地名称申请的标志(申请标志)的审查。

2. 在商品原产地名称注册申请审查期间,直至关于注册申请的决定作出之前,申请人有权对申请材料进行补充、说明或更正。

如果补充材料对注册申请进行了实质性变更,则材料不予受理,申请人可以作为独立申请办理。

3. 在商品原产地名称注册申请审查期间,联邦知识产权行政机关有权向申请人函询,要求提供进行审查所必需的补充材料。

申请人应自联邦知识产权行政机关发出相关函件之日起3个月内提交补充材料。根据申请人的请求,该期限可以延长不超过6个月,但延长期限的申请应在该期限内提出。如果申请人违反上述期限或者对要求补充材料的要求不予答复,则注册申请根据联邦知识产权行政机关的决定视为已经撤回。

(2014年3月12日第35-Φ3号联邦法修改)

第 1524 条 商品原产地名称注册申请的形式审查

1. 商品原产地名称注册申请的形式审查在联邦知识产权行政机关提交申请之日起的 2 个月内进行。

2. 在商品原产地名称注册审查的过程中,审查是否具备必要的申请文件以及申请文件是否符合规定的要求。根据形式审查的结果作出受理还是不受理注册申请的决定。审查结论应通知申请人。

在将形式审查的肯定结论通知申请人的同时,应通知本法典第 1522 条第 8 款规定的申请日期。

第 1525 条 对申请作为商品原产地名称的标志审查

1. 对申请作为商品原产地名称的标志审查(申请标志审查),在申请的形式审查结果通过后进行,审查该标志是否符合本法典第 1516 条的要求。

在标志审查过程中,审查指向的俄罗斯联邦境内该商品原产地是否有根据。

如果要求授予已注册的商品原产地名称的专有权的申请已经通过形式审查,则根据该申请进行标志审查,审查该标志是否符合本法典第 1522 条第 5 款第(3)项的要求。

(2014 年 3 月 12 日第 35 – Ф3 号联邦法修改)

如果根据本法典第 1522 条第 9 款的规定提出请求,则在申请标志审查时,应考虑到请求中包含的理由。

(2014 年 3 月 12 日第 35 – Ф3 号联邦法新增)

2. 在对申请标志审查结果作出决定之前,如果可能驳回商品原产地名称国家注册申请和(或)授予商品原产地名称专有权的申请,则应以书面形式通知申请人,说明所申请标志是否符合本法典

第1516条的要求,同时建议申请人对上述通知提出自己的理由。如果申请人的理由是在上述通知送交申请人之日起的6个月内提出的,则在对该标志审查结论作出决定时应考虑申请人提出的理由。

第1526条　作出申请标志审查结果的决定

根据对标志的审查结果,联邦知识产权行政机关作出商品原产地名称国家注册和授予商品原产地名称专有权的决定,或者作出驳回商品原产地名称国家注册和拒绝授予商品原产地名称专有权的决定。

如果申请是要求对已注册的商品原产地名称授予专有权,则联邦知识产权行政机关应作出授予或拒绝授予专有权的决定。

第1527条　商品原产地名称注册申请的撤回

商品原产地名称注册申请可以在审查的任何阶段,直至相应商品原产地名称和(或)授予商品原产地名称专有权的信息列入原产地名称注册簿之前,均可以由申请人撤回。

第1528条　商品原产地名称申请决定的异议、延误期限的恢复

1. 对联邦知识产权行政机关驳回商品原产地名称申请的决定、认定申请已经撤回的决定以及关于该机关就标志审查结果作出的决定(第1526条),申请人可以在发出有关决定之日起的4个月内向知识产权行政机关提出异议。

(2014年3月12日第35－Φ3号联邦法修改)

2. 本法典第1523条第3款和本条第1款规定的期限如被申请人延误,申请人可以在该期限届满之日起的6个月内提出请求,如果申请人能说明未遵守期限的理由,则可以由联邦知识产权行政机关予以恢复。

（2014 年 3 月 12 日第 35－Φ3 号联邦法修改）

要求恢复延误期限的申请，由申请人向联邦知识产权行政机关提出，同时提交依照第 1523 条第 3 款要求的补充材料，或者同时提出要求延长期限的申请或同时根据本条第 1 款向联邦知识产权行政机关提出异议。

根据联邦知识产权行政机关作出的关于取消申请视为被撤回和恢复延误的期限的决定，根据本款恢复期限。

（2014 年 3 月 12 日第 35－Φ3 号联邦法新增）

第 1529 条 商品原产地名称国家注册程序

1. 根据对标志审查结果作出的决定（第 1526 条），联邦知识产权行政机关在原产地名称注册簿中对商品原产地名称进行国家注册。

2. 列入原产地名称注册簿的信息包括：商品原产地名称专用权证书所有权人的信息、商品原产地名称予以个性化的商品所具有的特殊品质描述、涉及国家注册和提供商品原产地名称专有权、证书有效期延展的其他信息，以及前述信息的变更。

第 1530 条 商品原产地名称专有权证书的颁发

1. 商品原产地名称专有权证书由联邦知识产权行政机关在申请人交纳商品原产地名称专有权证书费用之日起 1 个月内颁发。

如果未按规定程序给付指定的费用，则不予颁发证书。

（2014 年 3 月 12 日第 35－Φ3 号联邦法修改）

2. 商品原产地名称专有权证书的格式和指明的信息由在知识产权领域从事规范性法律调整的联邦行政机关规定。

第 1531 条 商品原产地名称专有权证书的有效期

1. 商品原产地名称专有权证书的有效期，在向联邦知识产权行政机关提出注册申请之日起的10年内有效。

2. 商品原产地名称专有权证书的有效期,可以根据证书所有人的申请延长,权利人应主动随申请附具授权机关的结论,说明证书所有人在相应地理客体范围内生产的商品具有原产地名称国家注册簿中所指出的特殊品质。如果授权机构没有向权利人提供授权机关的结论书,则联邦知识产权执行机关要求授权机构提供结论书或其中包含此内容的意见书。

(2014年3月12日第35-Φ3号联邦法修改)

商品原产地名称是位于俄罗斯联邦境外的地理客体名称,证书所有人可以不提交本款第1项规定的结论书,可提交能证明证书所有人截至证书有效期延长申请提出之日在商品生产国享有商品原产地名称权的文件。

证书有效期延长的申请,应在有效期的最后一年内提出。

根据证书所有人的申请,可以在证书有效期届满后提供6个月的宽展期,用于提出延长证书有效期的申请。

证书有效期每次延长10年。

(2014年3月12日第35-Φ3号联邦法修改)

3. 关于商品原产地名称专有权证书有效期延长事项,应记入原产地名称注册簿和商品原产地名称专有权证书。

第1532条　原产地名称注册簿和商品原产地名称专有权证书记载事项的变更

(2014年3月12日第35-Φ3号联邦法修改)

1. 根据权利人的申请,联邦知识产权行政机关对原产地名称国家注册簿和商品原产地名称专有权证书中与商品原产地名称国家注册并授予该名称专有权有关的信息(第1529条第2款)进行变更，包括权利人的姓名或名称，住所地或居住地，通信地址以及纠正明显的技术性的错误。

2. 对已注册的商品原产地名称指示的商品特殊品质的描述进行变更，权利人应主动随申请书附具授权机关的结论，说明此修改对商品的特殊品质不产生实质性影响。如果授权机构未向申请人提供结论书，则联邦知识产权行政机关要求授权机构提供结论书或其中包含此内容的意见书。

第 1533 条　商品原产地名称国家注册信息的公布

商品原产地名称国家注册和提供该名称专有权的信息，以及依照本法典第 1529 条和第 1532 条列入原产地名称注册簿的信息，均应由联邦知识产权行政机关在它们列入原产地名称注册簿后立即在官方公报中予以公布，但包含商品特殊品质描述的信息除外。

第 1534 条　商品原产地名称在外国的注册

1. 俄罗斯联邦的法人和俄罗斯联邦公民有权在外国注册商品原产地名称。

2. 在外国注册商品原产地名称的申请可以在该名称和名称专有权在俄罗斯联邦注册以后，通过联邦知识产权行政机关提出。

第 4 小节　商品原产地名称和商品原产地名称专有权法律保护的终止

第 1535 条　对商品原产地名称和该名称专有权法律保护提出异议和认定无效的根据

1. 对商品原产地名称的法律保护提出异议，是指表示对联邦知识产权行政机关关于商品原产地名称国家注册和授予其专有权的决定提出异议，或是对颁发商品原产地名称专有权的证书提出异议。

（2014 年 3 月 12 日第 35 – Ф3 号联邦法修改）

针对已经注册的商品原产地名称授予的专有权提出异议，表示对已经注册的商品原产地名称授予的专有权的决定和颁发商品原产地名称专有权证书提出异议。

确认商品原产地名称法律保护无效的后果是撤销商品原产地名称国家注册并对该各称授予专有权的决定，删除该名称在原产地名称注册簿中的记载并废除该名称的专有权证书。

（2014 年 3 月 12 日第 35 – Ф3 号联邦法修改）

确认已经注册的商品原产地名称授予的专有权无效的后果是撤销对已经注册的商品原产地名称授予专有权的决定，删除该名称在原产地名称注册簿中的记载以及废除该名称的专有权证书。

2. 如果商品原产地名称的法律保护违反了本法典的要求，则可以在保护期内对商品原产地名称的法律保护提出异议和确认无效，对已经注册的商品原产地名称的专有权，如果授予专有权违反了本法典的要求，可以在商品原产地名称专有权证书有效期内（第 1531 条）提出异议和确认无效。

（2014 年 3 月 12 日第 35 – Ф3 号联邦法修改）

如果商品原产地名称的使用由于存在具有更早优先权的商标而可能导致消费者对商品或商品生产者的误认，则可以从官方公报公布商品产地名称国家注册信息之日起的 5 年内提出异议和确认无效。

3. 利害关系人可以依照本条第 2 款的规定向联邦知识产权行政机关提出异议。

第1536条　商品原产地名称法律保护和该名称证书效力的终止

1. 有下列情形之一的，商品原产地名称的法律保护终止：

(1)该地理客体所特有的条件消失，因而不可能生产具有原产地名称注册簿对该商品原产地名称所指出的特殊品质的商品；

(2)商品来源国对商品原产地名称法律保护终止。

(2014年3月12日第35－Φ3号联邦法修改)

2. 有下列情形之一的，商品原产地名称证书的效力终止：

(1)证书所有人生产的商品丧失原产地名称注册簿对该商品原产地名称指出的特殊品质；

(2)根据本条第1款的规定，商品原产地名称的法律保护终止；

(3)作为权利人的法人终止，或者公民作为个体经营者的权利人注册终止，或该公民死亡；

(2014年3月12日第35－Φ3号联邦法修改)

(4)证书有效期届满；

(5)商品原产地名称证书所有人向联邦知识产权行政机关提出有关申请；

(6)外国法人、外国公民或无国籍人在商品原产地国丧失对该商品原产地名称的权利。

(2014年3月12日第35－Φ3号联邦法新增)

3. 任何人根据本条第1款和第2款第(1)项和第(2)项的规定，可以向联邦知识产权行政机关提出申请，要求终止商品原产地名称的法律保护和证书的效力或该商品原产地名称专有权证书的效力；根据本条第2款第(3)项和第(6)项的规定，可以提出申请，要求终止商品原产地名称证书或专有权证书的效力。

（2014年3月12日第35－Ф3号联邦法修改）

商品原产地名称的法律保护和商品原产地名称专有权证书的效力，根据联邦知识产权行政机关的决定予以终止。

第5小节　商品原产地名称的保护

第1537条　非法使用商品原产地名称的责任

1. 权利人有权要求非法使用商品原产地名称或与该名称近似达到混淆程度的标识的侵权商品、商标标签、商品包装退出流通并予以销毁，费用由侵权人负担。如果这种商品的流通是公共利益所必须，则权利人有权要求从侵权商品、商品标签、商品包装上去除非法使用的商品原产地名称或与商品原产地名称近似达到混淆程度的标识，费用由侵权人负担。

2. 权利人有权根据自己的选择要求侵权人用支付补偿金代替赔偿损失，补偿金数额如下：

（1）由法院根据侵权行为的性质裁量，数额为1万卢布至500万卢布；

（2）非法使用商品原产地名称的假冒商品价值的2倍。

（2014年3月12日第35－Ф3号联邦法修改）

3. 使用未在俄罗斯联邦注册的商品原产地名称的商品原产地名称保护标志的人，依照俄罗斯联邦的立法规定的方式承担责任。

（2014年3月12日第35－Ф3号联邦法修改）

第四节　商　号　权

第 1538 条　商号

1. 从事经营活动的法人(包括其设立文件依法规定有权从事经营活动的非商业组织),以及个体经营者可以利用商号来对商业企业、工业企业和其他企业(第 132 条)进行个性化,该商号不是企业名称,也不必列入设立文件和法人国家注册簿。

2. 商号可以被权利人用来对一个或几个企业个性化。一家企业的个性化,不能同时使用两个或更多的商号。

第 1539 条　商号的专有权

1. 权利人对作为其所属企业个性化标识的商号享有以任何不与法律相抵触的方式的专有权(商号专有权),包括在招牌、表格、账单和其他文件中,在宣传和广告上,在商品或商品包装上,在互联网上使用商号,只要该标识具有足够的识别特征,且权利人将它用作本企业个性化标识在一定地域内具有知名度。

2. 不允许使用可能导致对企业属于某人的误认的商号,包括不得使用与企业名称、商标或属于他人的并受保护的、其专有权产生更早的商号近似达到混淆程度的商号。

3. 违反本条第 2 款规定的人,必须按照权利人的要求,终止使用商号并赔偿给权利人造成的损失。

4. 商号专有权只能与其个性化的企业一起转让给他人(包括通过合同、并列与权利整体移转和法律规定的其他根据)。

如果商号被权利人用作几个企业的个性化,则商号在与一个企业一起向他人转让时,权利人即丧失将该商号用于其余企业个性化的权利。

5. 权利人可以依照企业租赁合同(第656条)和商业特许合同(第1027条)向他人提供商号的使用权。

第1540条　商号专有权的效力

1. 用于在俄罗斯联邦境内企业的个性化的商号专有权在俄罗斯联邦境内有效。

2. 如果权利人在1年内连续不使用商号,则商号专有权终止。

第1541条　商号权与企业名称权和商标权的相互关系

1. 包含权利人的企业名称或者其中某些要素的商号专有权的产生和有效,不依赖于企业名称专有权。

2. 商号或者商号的某些要素可以被权利人用于属于他的商标。被纳入商标的商号不依赖于对商标的保护而受到保护。

第七十七章　统一技术构成中智力活动成果的使用权

第 1542 条　技术权

1. 本章中的统一技术，是指以客观形式体现的科学技术成果，该成果以某种结合的方式包含根据本编规则应该受到保护的发明、实用新型或外观设计、电子计算机程序或其他智力活动成果，以及可能成为民用或军事领域内特定实践活动的技术基础的科学技术活动成果（统一技术）。

统一技术的构成还可以包括根据本编规则不受法律保护的智力活动成果，包括技术数据和其他信息。

2. 纳入到构成统一技术的智力活动成果的专有权，依据本法典的规则予以确认和保护。

3. 作为复合客体构成统一技术（第 1240 条）的智力活动成果的使用权，属于依据与统一技术中所包含的智力活动成果专有权的所有人之间的合同组织创制统一技术的人（技术权）。统一技术还包括组织制作统一技术的人创造的受保护的智力活动成果。

第 1543 条　技术权规则的适用范围

本章的规则适用于使用或吸收俄罗斯联邦预算或俄罗斯联邦主体预算为支付国家合同、其他合同价款而划拨的资金，或为收支预算而拨款的资金以及作为补贴而划拨的资金创制的，与技术权有关的民事、军事、专用或两用的关系。

上述规则不适用于采取有偿预算贷款方式而使用或吸收俄罗斯联邦预算资金或俄罗斯联邦主体预算资金而创制统一技术时产生的关系。

第 1544 条　组织创制统一技术的人对统一技术所包含的智力成果的使用权

1. 使用或吸收俄罗斯联邦预算资金或俄罗斯联邦主体预算资金创制统一技术的人(执行人)对所创制的技术享有权利,但该权利依照本法典第 1546 条第 1 款的规定属于俄罗斯联邦或俄罗斯联邦主体的情形除外。

2. 依照本条第 1 款享有统一技术权的人,如果在创制技术之前或创制过程中没有采取措施,则必须立即采取俄罗斯联邦立法规定的措施认定和取得统一技术中智力活动成果的专有权(提出专利申请,智力活动成果国家注册,对相关信息采取保密制度,与有关智力活动成果专有权人签订统一技术中所包含智力活动成果专有权转让合同和许可合同)。

3. 在本法典允许对构成统一技术中的智力活动成果采用各种不同方式进行法律保护的情况下,统一技术的权利人应选择最大限度符合其利益和最能保障统一技术实际应用的法律保护方式。

第 1545 条　实际应用统一技术的义务

1. 依据本法典第 1544 条享有统一技术权的人,有义务实际应用(运用)统一技术。

依照本法典的规则,通过转让或移转取得该权利的任何人,均有此项义务。

2. 应用统一技术义务的内容、履行该项义务的期限、其他条件和程序由俄罗斯联邦政府规定。

第1546条　俄罗斯联邦和俄罗斯联邦主体对统一技术的权利

1. 有下列情形之一的,使用或吸收俄罗斯联邦预算资金而创制的技术的权利,属于俄罗斯联邦:

(1)统一技术与保障俄罗斯联邦的国防和安全有直接关系;

(2)俄罗斯联邦在统一技术创制之前或实际应用之前,承担了技术工作的拨款;

(3)在统一技术创制工作结束后的6个月内届满前,执行人没有保证实施所有必要行为,以确认或取得构成统一技术的智力活动成果的专有权。

2. 有下列情形之一的,使用或吸收俄罗斯联邦主体预算资金创制的技术的权利,属于俄罗斯联邦主体:

(1)俄罗斯联邦主体在统一技术创制之前或实际应用之前,承担了技术工作的拨款;

(2)在统一技术创制工作结束后的6个月内届满前,执行人没有保证实施所有必要行为,以确认或取得构成统一技术的智力活动成果的专有权。

3. 如果技术权依照本条第1款和第2款的规定属于俄罗斯联邦或俄罗斯联邦主体,则执行人依照本法典第1544条第2款的规定有义务采取措施确认和取得相关智力活动成果的专有权,以便以后将这些权利相应转让给俄罗斯联邦和俄罗斯联邦主体。

4. 属于俄罗斯联邦的技术权的管理,依照俄罗斯联邦政府规定的程序进行。

5. 对属于俄罗斯联邦或俄罗斯联邦主体的技术权的处分,应遵守本编的规则。

对属于俄罗斯联邦的技术权的处分的特殊规则，由联邦技术转让法规定。

第 1547 条　属于俄罗斯联邦或俄罗斯联邦主体的技术权的转让

1. 在本法典第 1546 条第 1 款第(2)项、第(3)项以及第 2 款规定的情况下，在俄罗斯联邦或俄罗斯联邦主体取得实际应用统一技术中智力活动成果所必需的智力成果专有权之日起的 6 个月内，技术权可以转让给希望实际应用并有现实可能实际应用该技术的人。

在本法典第 1546 条第 1 款第(1)项规定的情况下，技术权可以在俄罗斯联邦丧失将这些权利留归己有的必要性之后，立即转让给希望实际应用并有现实可能实际应用该技术的人。

2. 俄罗斯联邦或俄罗斯联邦主体向第三人转让技术权时，按照一般规则根据招标结果有偿进行转让。

如果属于俄罗斯联邦或俄罗斯联邦主体的技术权不可能通过招标进行转让，则该项权利根据拍卖结果进行转让。

俄罗斯联邦或俄罗斯联邦主体转让技术权的招标或拍卖程序，以及俄罗斯联邦或俄罗斯联邦主体不进行招标或拍卖而转让技术权的情况和程序，由联邦技术转让法规定。

3. 在同等条件下，组织统一技术中智力成果创制的执行人享有与俄罗斯联邦或俄罗斯联邦主体订立技术转让合同的优先权。

第 1548 条　技术权报酬

1. 在本法典第 1544 条和第 1546 条第 3 款规定的情况下，技术权无偿提供。

2. 在技术权通过合同转让的情况下，包括根据招标或拍卖结果转让的情况下,技术权报酬的数额、给付条件和程序由双方当事人之间的协议确定。

3. 如果技术的应用具有重要的社会经济意义或者对于俄罗斯联邦的国防或安全具有重要意义,而技术的实际应用耗费数额巨大,致使技术权的有偿取得没有经济效益,则俄罗斯联邦、俄罗斯联邦主体或其他已经无偿取得该项技术的权利人可以无偿转让技术权。允许无偿转让技术权的情形,由俄罗斯联邦政府规定。

第1549条　数人共有的技术权

1. 使用或吸收预算资金和其他投资人的资金参与创制的技术,权利可以同时属于俄罗斯联邦、俄罗斯联邦主体、其他创制技术的项目投资人、执行人和其他权利人。

2. 如果技术权属于数人共同共有,则他们共同行使此项权利。

属于几人共同共有的技术权的处分,按照共同的合意进行。

3. 对技术权享有共同共有的人之一实施的处分技术权的法律行为,如果实施法律行为的人没有必要的权限,并且能够证明法律行为另一方当事人知道或应当知道该人无此权限,则可以根据其他权利人的请求被认定为无效。

4. 技术权属于数人共同共有的,使用该技术所得的收益,以及处分该项权利的收益,根据权利人之间的协议进行分配。

5. 技术权属于数人共同共有的,如其中一部分技术可能具有独立意义,则权利人之间的协议可以规定哪一部分技术的权利属于每个权利人。如果一部分技术可以不依赖于其他部分而独立使用,则该部分技术具有独立意义。

每个权利人均有权根据自己的意志使用具有独立意义的相关部分的技术,但权利人之间的协议有不同规定的除外。在这种情况下，技术权以及对技术权的处分由全体权利人共同行使。

使用部分技术的收益，属于对该部分技术享有权利的人。

第 1550 条　技术权移转的一般条件

如果本法典和其他法律未有不同规定，技术权利的所有人可根据自己的意愿，依照合同包括该权利的转让合同、许可合同或含有技术权转让合同或许可合同内容的其他合同，或其他法律行为，向他人移转该权利的全部或部分来处分该权利。

技术权的转让作为统一整体，同时也转让统一技术中包含的所有智力活动成果。只有在统一技术中的一部分依照本法典第 1549 条第 5 款的规定具有独立意义时，才允许转让上述成果中的个别成果（部分技术）上的权利。

第 1551 条　统一技术出口条件

1. 统一技术应优先在俄罗斯联邦境内实际应用（运用）。

须经政府委托人或预算资金支配人的同意，才能依照外贸活动立法的规定，为了在外国境内利用统一技术而转让技术权。

2. 规定的俄罗斯联邦境外应用统一技术的法律行为，应在联邦知识产权行政机关进行国家注册。

不遵守国家注册规定的法律行为一律无效。

俄罗斯联邦总统

B. 普京

图书在版编目(CIP)数据

俄罗斯知识产权法:《俄罗斯联邦民法典》第四部分/孟祥娟译. -- 北京:法律出版社, 2020
ISBN 978-7-5197-4767-1

Ⅰ. ①俄… Ⅱ. ①孟… Ⅲ. ①知识产权法-俄罗斯 Ⅳ. ①D951.234

中国版本图书馆 CIP 数据核字(2020)第 134964 号

俄罗斯知识产权法
——《俄罗斯联邦民法典》第四部分
ELUOSI ZHISHI CHANQUANFA
—《ELUOSI LIANBANG MINFADIAN》DI-SI BUFEN

孟祥娟 译

策划编辑 王 扬
责任编辑 王 扬
装帧设计 汪奇峰

出版 法律出版社
总发行 中国法律图书有限公司
经销 新华书店
印刷 北京玺诚印务有限公司
责任校对 李景美
责任印制 张建伟

编辑统筹 独立项目策划部
开本 710 毫米×1000 毫米 1/16
印张 16.25
字数 166 千
版本 2020 年 8 月第 1 版
印次 2020 年 8 月第 1 次印刷

法律出版社/北京市丰台区莲花池西里 7 号(100073)
网址/www. lawpress. com. cn
投稿邮箱/info@ lawpress. com. cn
举报维权邮箱/jbwq@ lawpress. com. cn
销售热线/400-660-8393
咨询电话/010-63939796

中国法律图书有限公司/北京市丰台区莲花池西里 7 号(100073)
全国各地中法图分、子公司销售电话:
统一销售客服/400-660-8393/6393
第一法律书店/010-83938432/8433 西安分公司/029-85330678 重庆分公司/023-67453036
上海分公司/021-62071639/1636 深圳分公司/0755-83072995

书号:ISBN 978-7-5197-4767-1 **定价**:68.00 元
(如有缺页或倒装,中国法律图书有限公司负责退换)